Daniela Straßner
Ursula Tilsner

Erdkundeunterricht mit Flüchtlingskindern 5–7

Arbeitsblätter mit darauf abgestimmten Wortschatzkarten:
Sofort-Hilfe für Lehrer ohne DaZ-Kenntnisse

Auer

4. Auflage 2024

Autor*innen: Daniela Straßner, Ursula Tilsner
Covergestaltung: annette forsch konzeption und design, Berlin
Illustrationen: Steffen Jähde
Satz: Satzpunkt Ursula Ewert GmbH, Bayreuth
Druck und Bindung: Druckerei Joh. Walch GmbH & Co. KG
ISBN 978-3-403-**07914**-9

www.auer-verlag.de

Inhaltsverzeichnis

Flüchtlingskinder, die nach dem Besuch der Vorbereitungsklasse auf die Regelklassen verteilt werden, sollen möglichst sofort in das Unterrichtsgeschehen mit einbezogen werden.

Sie sollen
- Freude am Zuhören und Mitsprechen sowie am Lesen und Schreiben in der Zweitsprache entwickeln,
- die deutsche Standardsprache immer besser verstehen können (zuerst nur Gesprochenes, dann auch Geschriebenes),
- sich zunehmend differenziert in deutscher Standardsprache verständigen bzw. sich am Unterricht beteiligen können: zuerst nur mündlich, dann auch schriftlich,
- unter Wahrung ihrer sprachlichen und kulturellen Identität in die neue Sprach- und Kulturgemeinschaft als aktives Mitglied hineinwachsen.

Die Kopiervorlagen in diesem Band richten sich an Schüler[1], deren **Muttersprache nicht Deutsch** ist. Sie zielen darauf ab, die Sprachkompetenz dieser Schüler zu erweitern und sie bestmöglich in ihrem mündlichen und schriftlichen Sprachgebrauch zu fördern. Damit wird gleichzeitig die Integration in der Lerngruppe erleichtert.

Die Schüler sollen inhaltlich klar umrissene **fachspezifische Themenfelder** aus den Kerncurricula erarbeiten. Die vorliegenden Materialien sind somit nicht nur für den DaZ-Unterricht, sondern primär für den **Fachunterricht** geeignet. Damit lernen die Schüler die fachlichen Inhalte und verbessern gleichzeitig ihre Deutschkenntnisse. Weiterhin müssen die Schüler nicht separate Inhalte lernen, sondern erschließen sich die gleichen Kompetenzen wie ihre deutschsprachigen Mitschüler. Flüchtlingskinder werden also im Fachunterricht „mitgenommen" und eine Teilhabe am Unterricht wird ermöglicht, was wiederum zu ihrer Integration beiträgt.

Jedes Kapitel ist gleich aufgebaut: Es enthält eine Seite mit Wortschatzkarten, die das unbekannte Vokabular der Arbeitsblätter mittels Bildern und englischen Übersetzungen einführen, sowie zwei Arbeitsblätter in unterschiedlichen sprachlichen und inhaltlichen Differenzierungsstufen. Damit wird ermöglicht, dass die Schüler am gleichen Thema auf unterschiedlichem Sprachniveau arbeiten können.

Die sich im Buch befindlichen Materialien können schnell, einfach und effizient von der Lehrkraft genutzt werden.

[1] Aufgrund der besseren Lesbarkeit ist mit Schüler auch immer Schülerin gemeint, ebenso verhält es sich bei Lehrer und Lehrerin etc.

Konzepterklärung

Jedes Thema besteht aus zwei Arbeitsblättern. Diese wurden sowohl sprachlich als auch qualitativ und quantitativ differenziert konzipiert.

Das **einfachere Arbeitsblatt** ist vor allem für Schüler geeignet, die die deutsche Sprache noch in sehr geringem Maß bzw. gar nicht beherrschen. Das **anspruchsvollere Arbeitsblatt** ist für diejenigen gedacht, die schon etwas besser Deutsch können. Beide enthalten eindeutige Bilder, Begriffshilfen und leichte Sprache für ein barrierefreies Erschließen von Texten[1]. Die Sätze sind verhältnismäßig kurz, jede Aufgabenstellung enthält möglichst nur einen Inhalt, abstrakte Begriffe werden vermieden.

Um den Schülern das Erschließen der Inhalte und das Erledigen der Arbeitsaufträge zu erleichtern, werden zahlreiche Begriffe, die in den Arbeitsblättern verwendet werden, mithilfe von **Wortschatzkarten** erklärt. Auf diesen Karten befinden sich das deutsche Wort (Verb, Adjektiv bzw. Nomen), dessen englische Übersetzung und ein passendes Bild. Verben werden in der Regel im Infinitiv und im Imperativ dargestellt, bei Nomen werden Einzahl und Mehrzahl genannt.

Insgesamt werden drei verschiedene Wortschatzarten angeboten. Der **Schulwortschatz** enthält elementare Basiswörter, die benötigt werden, um sich im Umfeld Schule sprachlich zurechtzufinden. Des Weiteren gibt es den **Fachwortschatz**. Dort werden alle grundlegenden Wörter, die für das Fach relevant sind, entsprechend dem oben erwähnten Muster abgebildet. Dieser wird ergänzt durch den **Themenwortschatz**, der sich speziell auf das jeweilige Thema bezieht. Die Wortschatzkarten sollten ausgeschnitten und in Karteikästen gesammelt werden, sodass die Schüler die Wörter jederzeit wiederholen und nachschlagen können.

Werden in den Arbeitsblättern den Schülern unbekannte Wörter genannt, sind sie entsprechend gekennzeichnet und können mithilfe der Wortschatzkarten nachgeschlagen werden. Zur Unterscheidung der drei Wortschatzarten werden alle Wörter, die im Schulwortschatz nachzuschlagen sind, mit unterbrochener Unterstreichung markiert. Ist ein Wort durchgehend unterstrichen, so findet man es im Fachwortschatz oder im Themenwortschatz. Selbstverständlich werden die unbekannten Wörter auch in den Lösungen entsprechend ausgewiesen, sodass die Schüler auch an dieser Stelle die Möglichkeit erhalten, fachlichen Inhalt und sprachliche Kenntnisse zu vertiefen.

Auf den Wortschatzkarten sind alle Begriffe alphabetisch sortiert. Sind im Arbeitsblatt Verben durch Konjugation im Vergleich zum dazugehörigen Infinitiv sehr stark verändert (z. B. „miss" und „messen"), wird in Klammern auf den Infinitiv verwiesen, um das Auffinden in den Wortschatzkarten zu erleichtern.

[1] In Anlehnung an die Europäischen Richtlinien für leichte Lesbarkeit

Das vorliegende Werk orientiert sich an den Lehrplänen und curricularen Vorgaben sowie an den gängigen Schulwerken. Es werden damit möglichst viele Inhalte des Erdkundeunterrichts in den Jahrgangsstufen 5–7 abgedeckt. Es soll den Lehrern eine wertvolle Hilfe sein, Lernenden nicht deutscher Herkunft den Unterrichtsstoff der Lerngruppe zu vermitteln und gleichzeitig die sprachlichen Kompetenzen zu fördern.

Die Arbeitsblätter sowie die Wortschatzkarten sollen den Lehrern als Unterstützung dienen, Schüler, die Schwierigkeiten mit der deutschen Sprache haben, in den Erdkundeunterricht einbinden zu können. Durch die Arbeit mit den unterschiedlichen Aufgabenformaten erlernen diese dabei einerseits die im Erdkundeunterricht notwendigen Fachbegriffe, andererseits die erforderlichen Inhalte.

Für jedes Thema gibt es jeweils zwei differenzierte Arbeitsblätter, denen ein gemeinsamer Wortschatz zugrunde liegt. Die Arbeitsblätter sind in ihrer Schwierigkeit sowohl nach dem sprachlichen Niveau als auch hinsichtlich der kognitiven Aktivierung differenziert gestaltet. Somit kann die Mitwirkung der Schüler mit geringen Deutschkenntnissen im regulären Unterricht den individuellen Voraussetzungen und Bedürfnissen der Lernenden angepasst werden.

Dabei sollte nicht außer Acht gelassen werden, dass eine Sprache nur über ein verbales Vorbild erlernt werden kann. Es ist also unerlässlich, die Schüler direkt anzusprechen bzw. sie mit Schülern der Klasse gemeinsam arbeiten – und sprechen – zu lassen.

Es wurde Wert darauf gelegt, dass die Formate vielfach durch Icons erläutert werden und sich die Aufgabentypen wiederholen, um eine Wiedererkennung zu ermöglichen und selbstständiges Arbeiten zu erleichtern.
Häufig findet sich zu Beginn eines neuen Themas ein Informationstext, in dem auf einfachem Sprachniveau die wichtigsten Sachverhalte erläutert werden.

Bei der Erstellung der Arbeitsmaterialien wurden vor allem folgende Unterrichtsprinzipien zugrunde gelegt:

- **Prinzip der Differenzierung**
  Die Arbeitsblätter in zwei Niveaustufen sind unterschiedlich einsetzbar:
  - Als qualitative Differenzierung: Für leistungsschwächere Schüler ist Niveaustufe 1 gedacht, für leistungsstärkere Niveaustufe 2.
  - Als quantitative Differenzierung: Für leistungsschwächere Lernende kann der Umfang vieler Aufgaben ohne Weiteres reduziert werden, indem sie z. B. nur einen Teil eines Arbeitsblatts bearbeiten. Leistungsstärkere hingegen können zuerst das Aufgabenniveau 1 und später das Aufgabenniveau 2 bearbeiten. Dabei wird ein Teil der Aufgaben Wiederholung sein, um die erlernten Worte zu vertiefen und zu sichern, ein weiterer Teil ist Transferleistung, Verknüpfung oder weiterführende Arbeit.
- **Prinzip der Selbsttätigkeit/Aktivierung**
  Den Lernenden soll die Gelegenheit gegeben werden, einen Sachverhalt mithilfe ihrer individuellen Lern- und Handlungsmöglichkeiten zu bearbeiten, damit sie dabei ihre Selbstständigkeit und Selbstbestimmung entwickeln können. Es wurden daher häufiger Bastel- und Legeformate gewählt, um die Schüler möglichst mit allen Sinnen zum einen

selbsttätig agieren zu lassen und zum anderen deren Motivation zu fördern.
Für Lerner mit geringen Sprachkenntnissen ist hierbei aber eine ständige Begleitung durch die Lehrkraft und/oder Mitschüler notwendig (z. B. um die Aussprache zu üben oder um Farbgebungen zu erläutern).

- **Prinzip der Anschaulichkeit**
  Schon durch den Einsatz der Bilder wird der Zielgruppe der Inhalt verdeutlicht. Wir haben aber daneben vielfach Aufgaben gewählt, die den Lerninhalt über eine weitere Darstellungsebene veranschaulichen sollen, sodass dieser den Lernenden auch sinnlich erfassbar gemacht wird.

Methodisch haben wir uns ebenfalls an den in den Schulbüchern gängigen Aufgabenformaten orientiert. Wichtig bei der Methodenwahl war uns, dass die Schüler für sich selbst arbeiten und dass auch vielfach Verknüpfungen zur Klasse hergestellt werden können.

Bei verschiedenen Aufgaben muss der Atlas benutzt werden, ohne dass wir dessen Einführung explizit aufgenommen haben. Hier benötigen die Schüler insbesondere Unterstützung bei der Kartenwahl.

Außerdem kommen immer wieder Übungen vor, bei denen die Lernenden mit unterschiedlichen Farben arbeiten sollen. Es scheint uns unerlässlich, bei diversen Aufgaben – z. B. zur Gestaltung einer eigenen Karte – nicht auf Farbgebung zu verzichten.

Die Lösungen zu den jeweiligen Arbeitsblättern sind sowohl als Hilfe für die Lehrkraft als auch zur Selbstkontrolle geeignet.

Wir wünschen Ihnen viel Erfolg und hoffen, Sie in Ihrer Arbeit mit den Schülern, die über geringe Deutschkenntnisse verfügen, unterstützen zu können.

Daniela Straßner und Ursula Tilsner

Schulwortschatz

Schulwortschatz

ankreuzen kreuze an! *to tick*		das Ankreuzen – *ticking*

Schulwortschatz

anmalen male an! *to colour*		das Anmalen – *colouring*

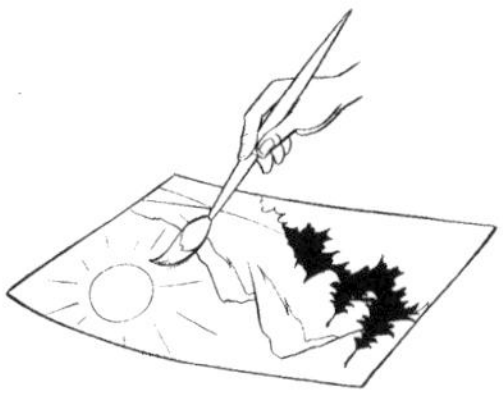

Schulwortschatz

		die Aufgabe die Aufgaben *the task*

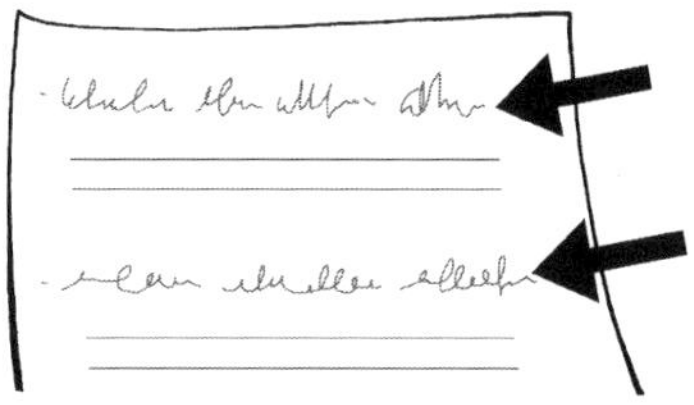

Schulwortschatz

aufstehen steh auf! *to stand up*		das Aufstehen – *standing up*

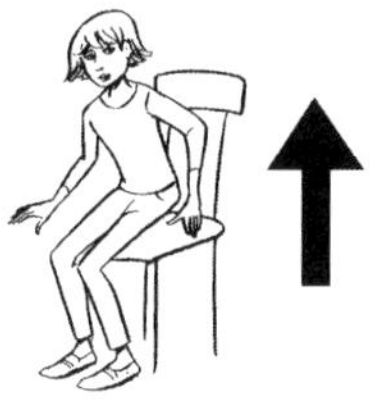

Schulwortschatz

		die Aula die Aulen/Aulas *the assembly hall*

Schulwortschatz

ausschneiden schneide aus! *to cut out*		das Ausschneiden – *cutting out*

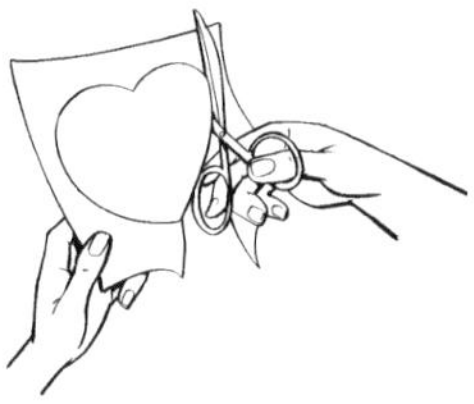

Schulwortschatz

beantworten beantworte! *to answer*		die Beantwortung die Beantwortungen *the answer*

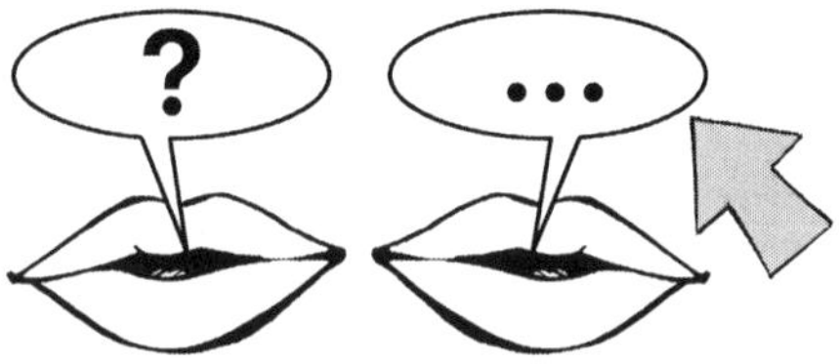

Schulwortschatz

		das Beispiel die Beispiele *the example*

Schulwortschatz

beschreiben beschreibe! *to describe*		die Beschreibung die Beschreibungen *the description*

Schulwortschatz

beschriften beschrifte! *to label*		die Beschriftung die Beschriftungen *the label*

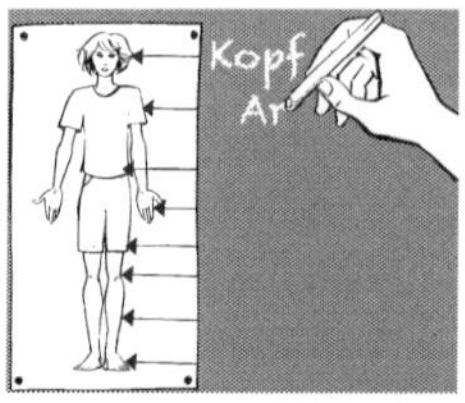

Schulwortschatz

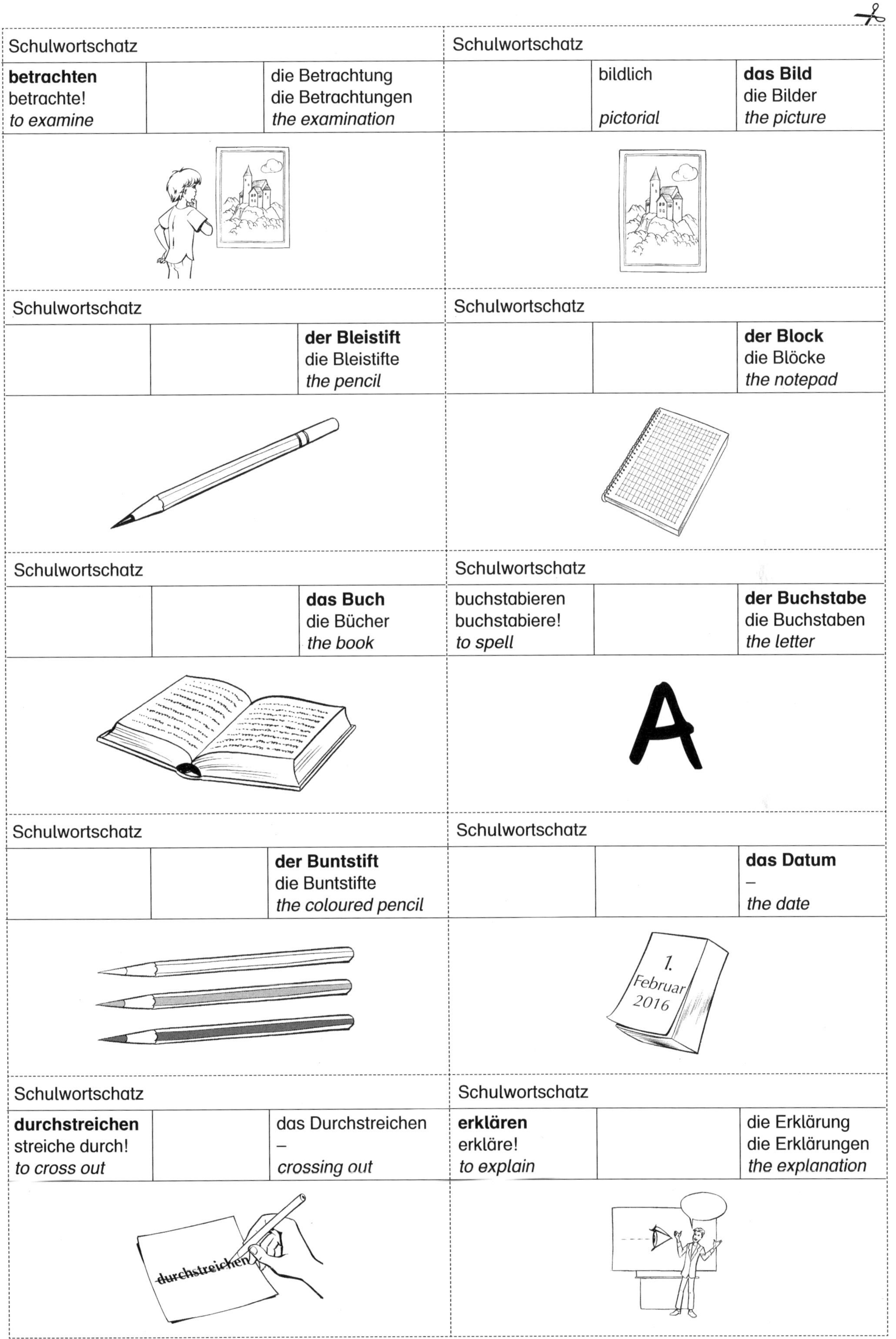

Schulwortschatz

betrachten betrachte! *to examine*		die Betrachtung die Betrachtungen *the examination*

Schulwortschatz

	bildlich *pictorial*	**das Bild** die Bilder *the picture*

Schulwortschatz

		der Bleistift die Bleistifte *the pencil*

Schulwortschatz

		der Block die Blöcke *the notepad*

Schulwortschatz

		das Buch die Bücher *the book*

Schulwortschatz

buchstabieren buchstabiere! *to spell*		**der Buchstabe** die Buchstaben *the letter*

Schulwortschatz

		der Buntstift die Buntstifte *the coloured pencil*

Schulwortschatz

		das Datum – *the date*

Schulwortschatz

durchstreichen streiche durch! *to cross out*		das Durchstreichen – *crossing out*

Schulwortschatz

erklären erkläre! *to explain*		die Erklärung die Erklärungen *the explanation*

Schulwortschatz

Schulwortschatz

	falsch *wrong*	das Falsche – *the wrong answer*

1 + 1 = 3 f

Schulwortschatz

		das Fenster die Fenster *the window*

Schulwortschatz

fragen frage! *to ask*		die Frage die Fragen *the question*

Schulwortschatz

füllen fülle! *to fill*		**der Füller** die Füller *the ink pen*

Schulwortschatz

		der Hausmeister/ **die Hausmeisterin** die Hausmeister/-innen *the caretaker*

Schulwortschatz

		das Heft die Hefte *the exercise book*

Schulwortschatz

helfen hilf! *to help*		die Hilfe die Hilfen *the help*

Schulwortschatz

(sich) hinsetzen setze dich hin! *to sit down*		das Hinsetzen – *sitting down*

Schulwortschatz

hören höre! *to hear*		das Hören – *hearing*

Schulwortschatz

		das Kästchen die Kästchen *the box*

Schreibe das Wort in das ☐.

Schulwortschatz

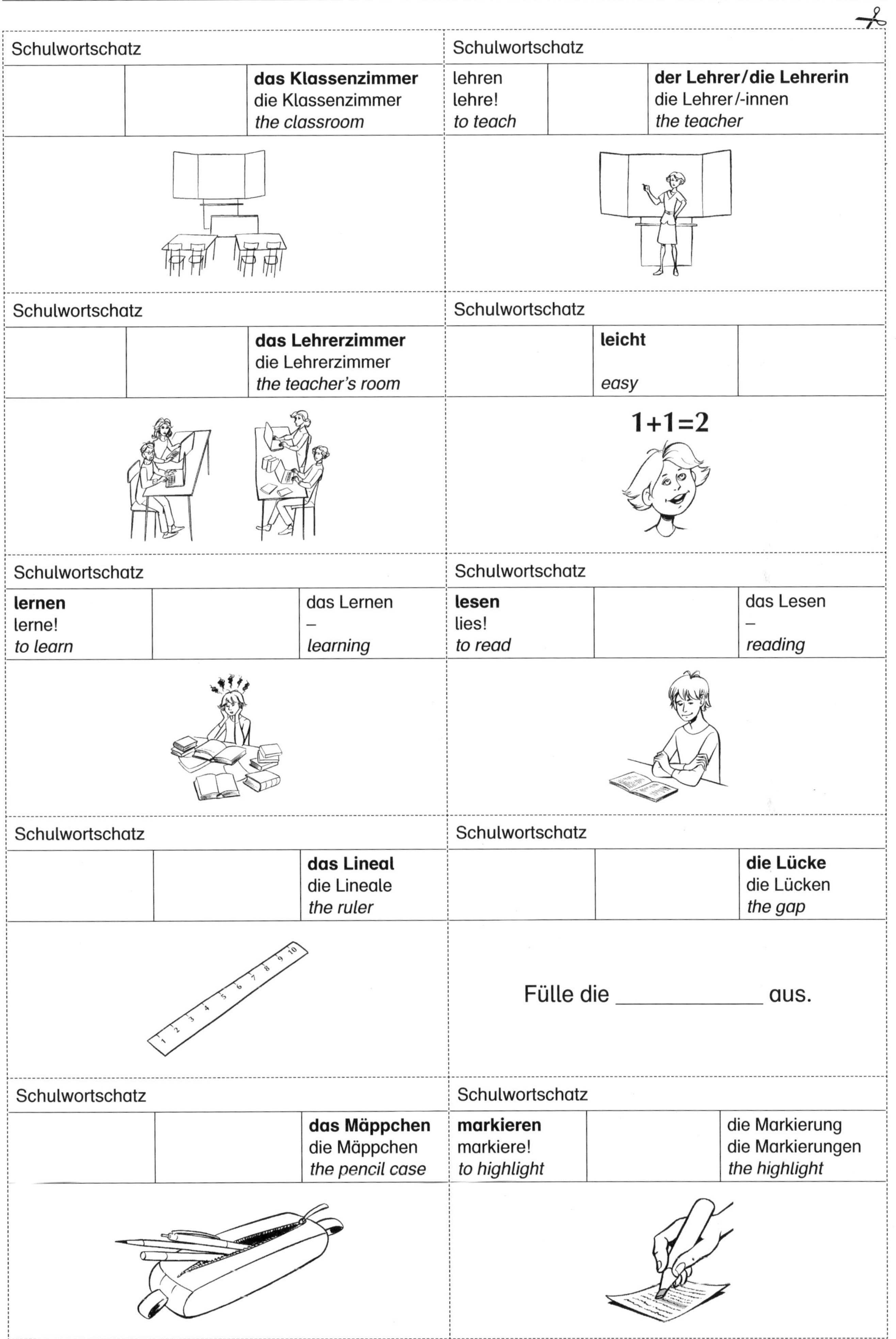

Schulwortschatz

		das Klassenzimmer die Klassenzimmer *the classroom*

Schulwortschatz

lehren lehre! *to teach*		**der Lehrer/die Lehrerin** die Lehrer/-innen *the teacher*

Schulwortschatz

		das Lehrerzimmer die Lehrerzimmer *the teacher's room*

Schulwortschatz

	leicht *easy*	

Schulwortschatz

lernen lerne! *to learn*		das Lernen – *learning*

Schulwortschatz

lesen lies! *to read*		das Lesen – *reading*

Schulwortschatz

		das Lineal die Lineale *the ruler*

Schulwortschatz

		die Lücke die Lücken *the gap*

Fülle die ____________ aus.

Schulwortschatz

		das Mäppchen die Mäppchen *the pencil case*

Schulwortschatz

markieren markiere! *to highlight*		die Markierung die Markierungen *the highlight*

Schulwortschatz

Schulwortschatz

nennen nenne! *to name*		das Nennen – *the naming*

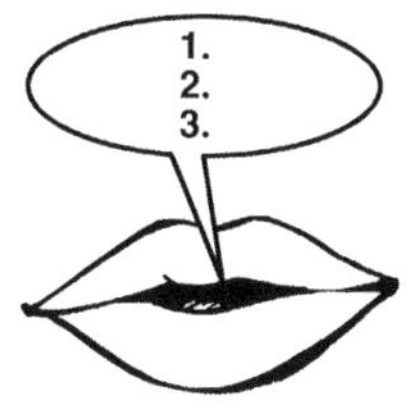

Schulwortschatz

ordnen ordne! *to order*		die Ordnung – *the order*

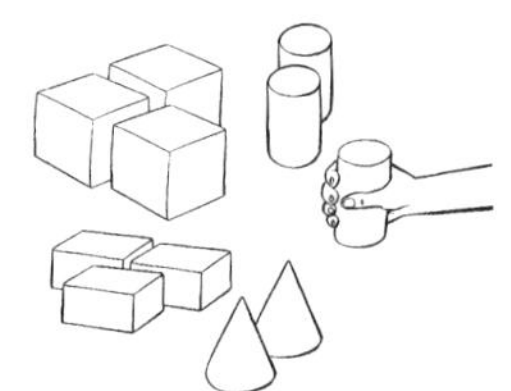

Schulwortschatz

		der Ordner die Ordner *the file*

Schulwortschatz

		der Papierkorb die Papierkörbe *the waste-paper basket*

Schulwortschatz

		die Pause die Pausen *the break*

	Montag	Dienstag
8:00-8:45	Deutsch	Mathematik
8:45-9:30	Deutsch	Englisch
9:30-9:50		
9:50-10:35	Englisch	Deutsch

Schulwortschatz

		der Pausenhof die Pausenhöfe *the schoolyard*

Schulwortschatz

radieren radiere! *to rub out*		**der Radiergummi** die Radiergummis *the rubber*

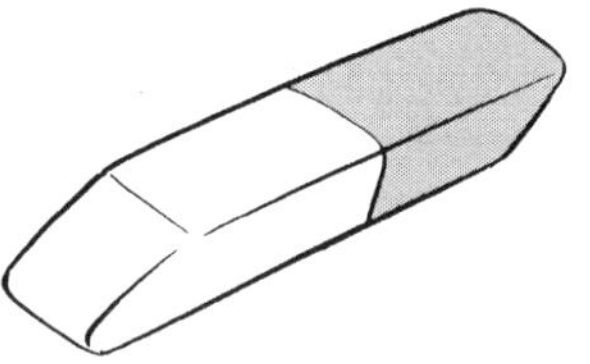

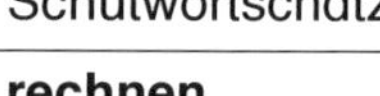

Schulwortschatz

rechnen rechne! *to count*		die Rechnung die Rechnungen *the calculation*

Schulwortschatz

		die Reihenfolge die Reihenfolgen *the order*

1 ➡ 2 ➡ 3 ➡ 4 ➡ 5 ➡ …

Schulwortschatz

	richtig *right*	das Richtige – *the right answer*

1 + 1 = 2

Schulwortschatz

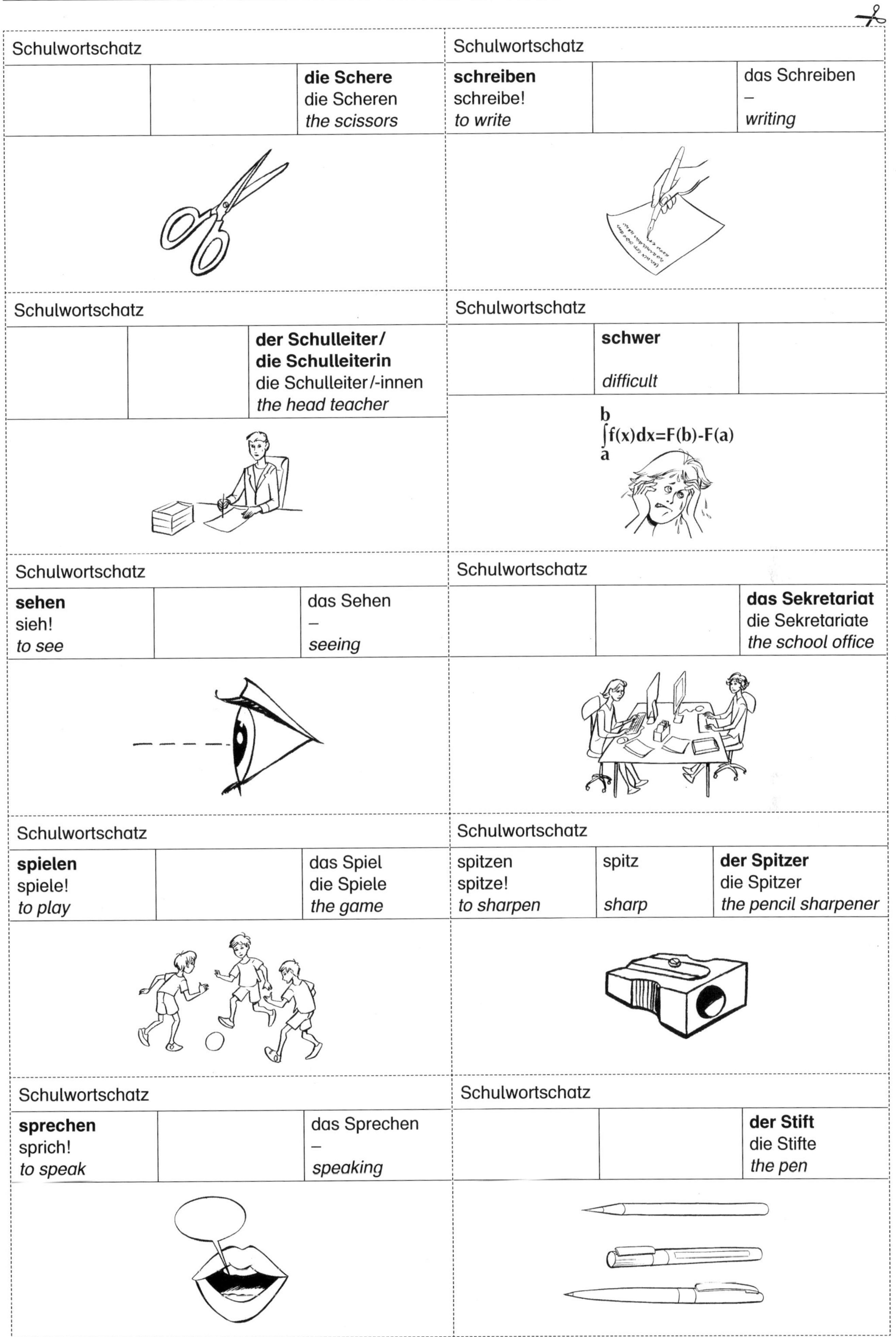

Schulwortschatz

		die Schere die Scheren *the scissors*

Schulwortschatz

schreiben schreibe! *to write*		das Schreiben – *writing*

Schulwortschatz

		der Schulleiter/ die Schulleiterin die Schulleiter/-innen *the head teacher*

Schulwortschatz

	schwer *difficult*	

Schulwortschatz

sehen sieh! *to see*		das Sehen – *seeing*

Schulwortschatz

		das Sekretariat die Sekretariate *the school office*

Schulwortschatz

spielen spiele! *to play*		das Spiel die Spiele *the game*

Schulwortschatz

spitzen spitze! *to sharpen*	spitz *sharp*	**der Spitzer** die Spitzer *the pencil sharpener*

Schulwortschatz

sprechen sprich! *to speak*		das Sprechen – *speaking*

Schulwortschatz

		der Stift die Stifte *the pen*

Schulwortschatz

Schulwortschatz

		der Stuhl die Stühle *the chair*

Schulwortschatz

suchen suche! *to search*		die Suche die Suchen *the search*

Schulwortschatz

		die Tabelle die Tabellen *the table*

falsch	richtig

Schulwortschatz

		die Tafel die Tafeln *the blackboard*

Schulwortschatz

		die Tasche die Taschen *the bag*

Schulwortschatz

		der Textmarker die Textmarker *the highlighter*

TEXTMARKER

Schulwortschatz

		der Tisch die Tische *the table*

Schulwortschatz

überlegen überlege! *to consider*		die Überlegung die Überlegungen *the consideration*

Schulwortschatz

überprüfen überprüfe! *to check*		die Überprüfung die Überprüfungen *the check*

Schulwortschatz

übersetzen übersetze! *to translate*		die Übersetzung die Übersetzungen *the translation*

Schulwortschatz

		die Uhr die Uhren *the clock*

Schulwortschatz

verbinden verbinde! *to connect*		die Verbindung die Verbindungen *the connection*

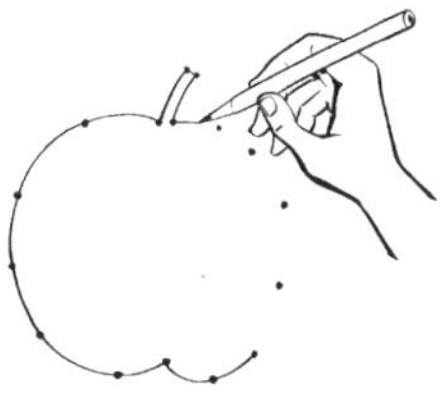

Schulwortschatz

wiederholen wiederhole! *to repeat*		die Wiederholung die Wiederholungen *the repetition*

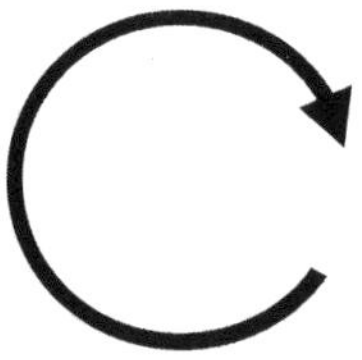

Schulwortschatz

		das Wort die Wörter *the word*

Wort

Schulwortschatz

		das Wörterbuch die Wörterbücher *the dictionary*

Schulwortschatz

zählen zähle! *to count*		**die Zahl** die Zahlen *the number*

1

Schulwortschatz

zeichnen zeichne! *to draw*		die Zeichnung die Zeichnungen *the drawing*

Schulwortschatz

zeigen zeige! *to show*		das Zeigen – *showing*

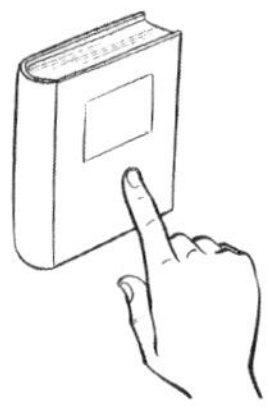

Schulwortschatz

	zeitlich *temporal*	**die Zeit** die Zeiten *the time*

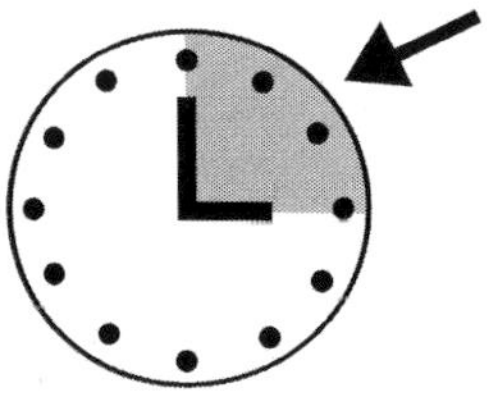

Schulwortschatz

zuordnen ordne zu! *to match*		die Zuordnung die Zuordnungen *the matching*

BAUM

Fachwortschatz

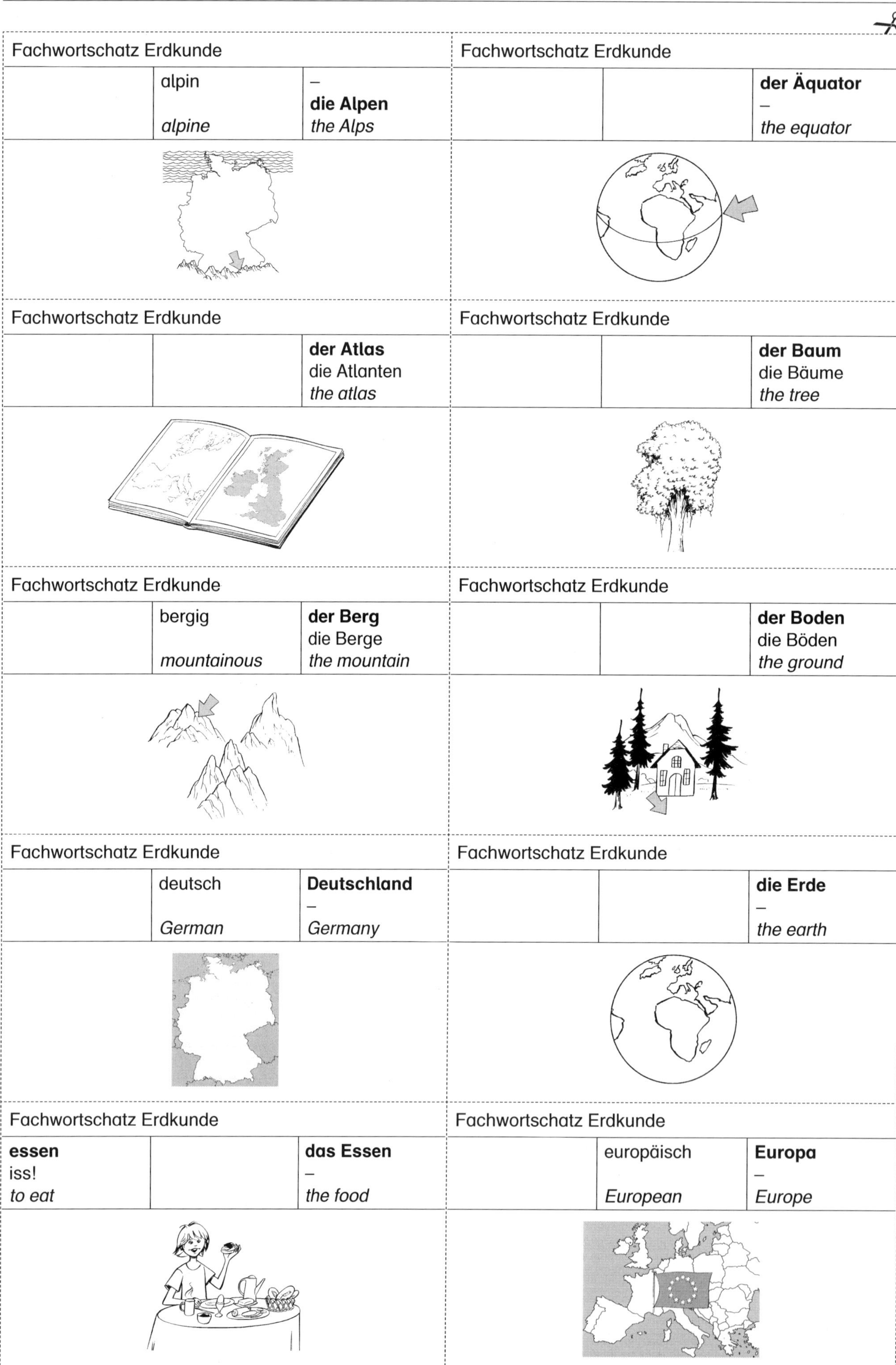

Fachwortschatz Erdkunde

	alpin *alpine*	– **die Alpen** *the Alps*

Fachwortschatz Erdkunde

		der Äquator – *the equator*

Fachwortschatz Erdkunde

		der Atlas die Atlanten *the atlas*

Fachwortschatz Erdkunde

		der Baum die Bäume *the tree*

Fachwortschatz Erdkunde

	bergig *mountainous*	**der Berg** die Berge *the mountain*

Fachwortschatz Erdkunde

		der Boden die Böden *the ground*

Fachwortschatz Erdkunde

	deutsch *German*	**Deutschland** – *Germany*

Fachwortschatz Erdkunde

		die Erde – *the earth*

Fachwortschatz Erdkunde

essen iss! *to eat*		**das Essen** – *the food*

Fachwortschatz Erdkunde

	europäisch *European*	**Europa** – *Europe*

Fachwortschatz

Fachwortschatz Erdkunde		
		das Festland – *the land*

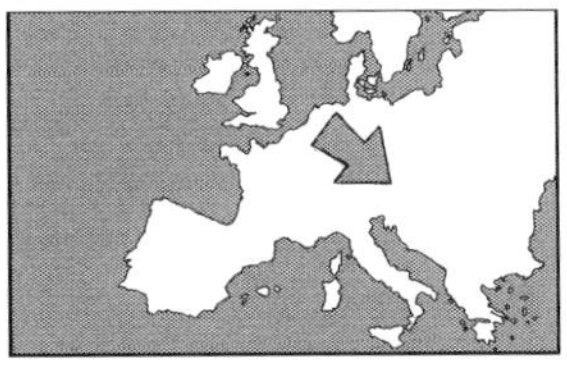

Fachwortschatz Erdkunde		
fischen fische! *to fish*		**der Fisch** die Fische *the fish*

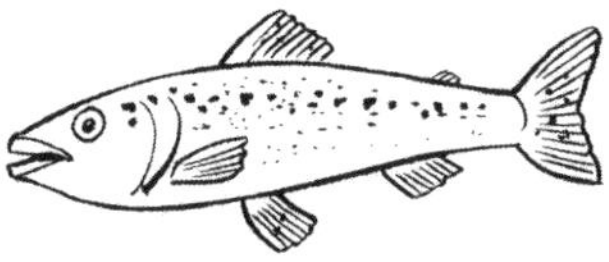

Fachwortschatz Erdkunde		
fließen – *to flow*		**der Fluss** die Flüsse *the river*

Fachwortschatz Erdkunde		
		das Haus die Häuser *the house*

Fachwortschatz Erdkunde		
	heiß *hot*	die Hitze – *the heat*

35°C

Fachwortschatz Erdkunde		
	hoch *high*	**die Höhe** – *the height*

Fachwortschatz Erdkunde		
	kalt *cold*	die Kälte – *the cold*

-20°

Fachwortschatz Erdkunde		
		die Karte die Karten *the map*

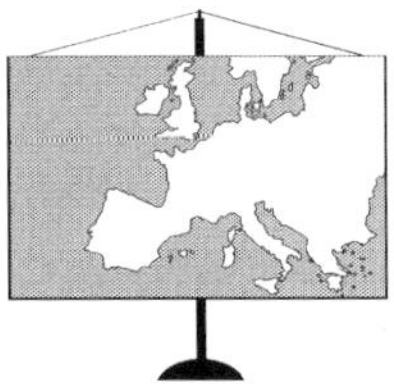

Fachwortschatz Erdkunde		
		der Kontinent die Kontinente *the continent*

Fachwortschatz Erdkunde		
		das Land die Länder *the country*

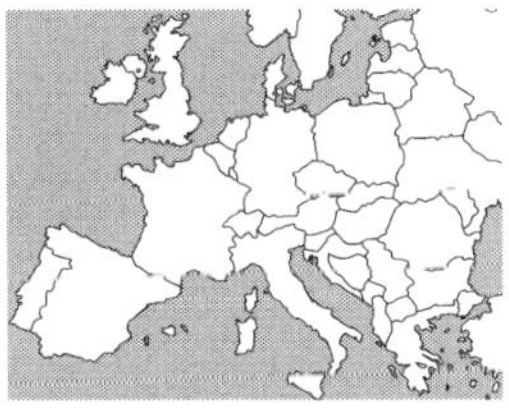

Fachwortschatz

Fachwortschatz Erdkunde

liegen liege! *to lay*		die Lage – *the position*

Fachwortschatz Erdkunde

		das Meer die Meere *the sea*

Fachwortschatz Erdkunde

		das Mittelgebirge die Mittelgebirge *the low mountain range*

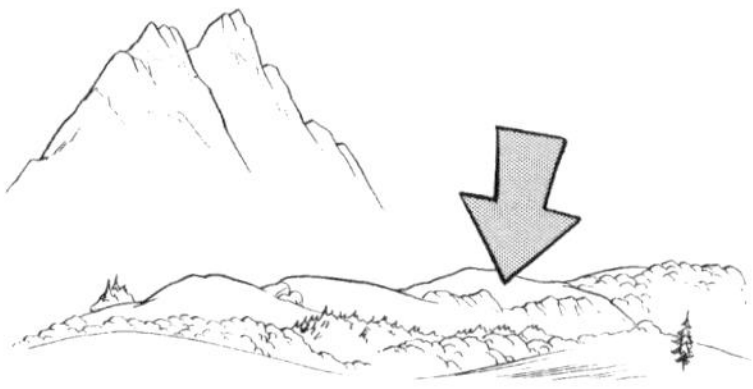

Fachwortschatz Erdkunde

		der Niederschlag die Niederschläge *the precipitation*

Fachwortschatz Erdkunde

	nördlich *north*	**der Norden** – *the north*

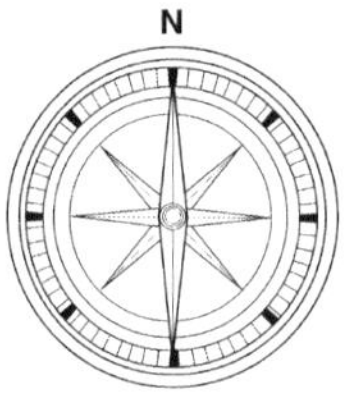

N

Fachwortschatz Erdkunde

		die Nordsee – *the North Sea*

Fachwortschatz Erdkunde

(sich) orientieren orientiere dich! *to orientate oneself*		**die Orientierung** – *the orientation*

Fachwortschatz Erdkunde

	östlich *east*	**der Osten** – *the east*

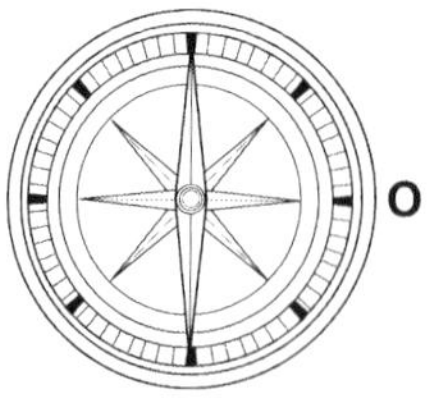

O

Fachwortschatz Erdkunde

	ozeanisch *oceanic*	**der Ozean** die Ozeane *the ocean*

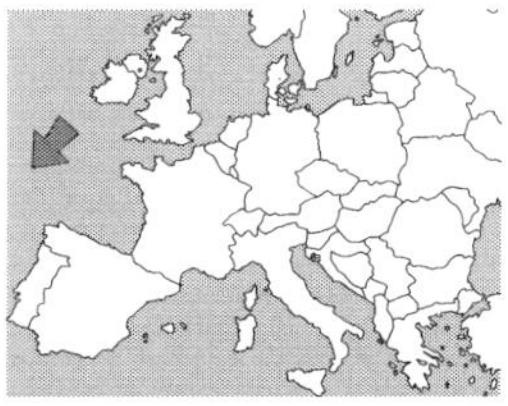

Fachwortschatz Erdkunde

pflanzen pflanze! *to plant*	pflanzlich *plant*	**die Pflanze** die Pflanzen *the plant*

Fachwortschatz

Fachwortschatz Erdkunde

	polar	**der Pol**
		die Pole
	polar	*the pole*

Fachwortschatz Erdkunde

regnen	regnerisch	**der Regen**
–		–
to rain	*rainy*	*the rain*

Fachwortschatz Erdkunde

	sonnig	**die Sonne**
		–
	sunny	*the sun*

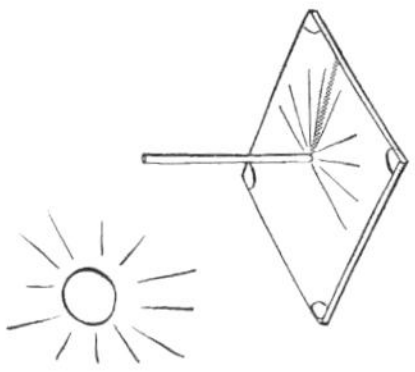

Fachwortschatz Erdkunde

	städtisch	**die Stadt**
		die Städte
	urban	*the city*

Fachwortschatz Erdkunde

	südlich	**der Süden**
		–
	south	*the south*

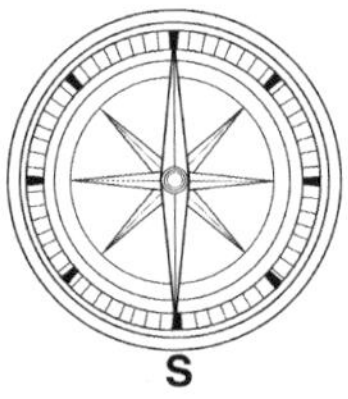

S

Fachwortschatz Erdkunde

		das Tal
		die Täler
		the valley

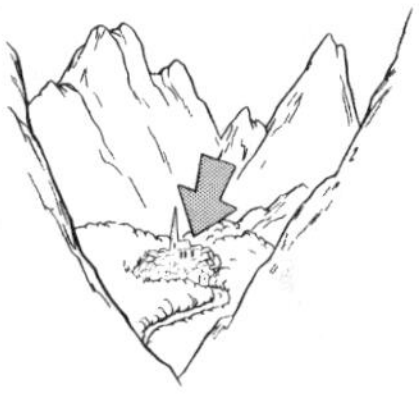

Fachwortschatz Erdkunde

		die Temperatur
		die Temperaturen
		the temperature

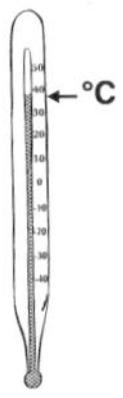

°C

Fachwortschatz Erdkunde

	tief	die Tiefe
		–
	deep/low	*the depth*

Fachwortschatz Erdkunde

	tierisch	**das Tier**
		die Tiere
	animal	*the animal*

Fachwortschatz Erdkunde

		das Verkehrsmittel
		die Verkehrsmittel
		the means of transportation

Fachwortschatz

Fachwortschatz Erdkunde		
		der Wald die Wälder *the forest*

Fachwortschatz Erdkunde		
		das Wasser – *the water*

Fachwortschatz Erdkunde		
	westlich *west*	**der Westen** – *the west*

W

D. Straßner/U. Tilsner: Erdkundeunterricht mit Flüchtlingskindern 5–7

Das Gradnetz

Das Gradnetz

		der Breitenkreis die Breitenkreise *the parallel of latitude*

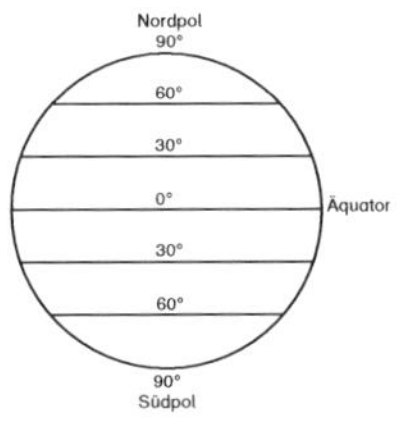

Das Gradnetz

		das Gradnetz die Gradnetze *the graticule*

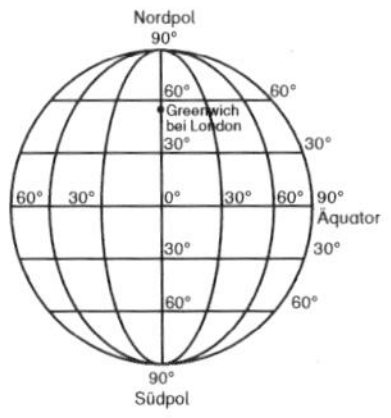

Das Gradnetz

		die Koordinate die Koordinaten *the coordinate*

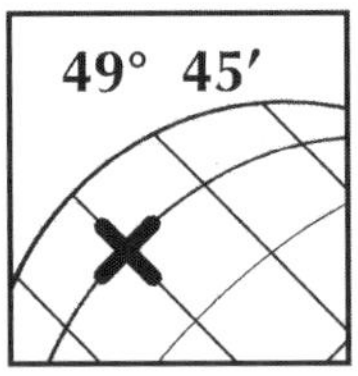

49° 45′

Das Gradnetz

		der Längenkreis die Längenkreise *the longitude*

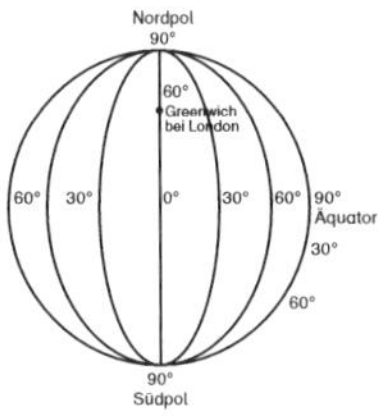

Das Gradnetz

		der Nordpol – *the North Pole*

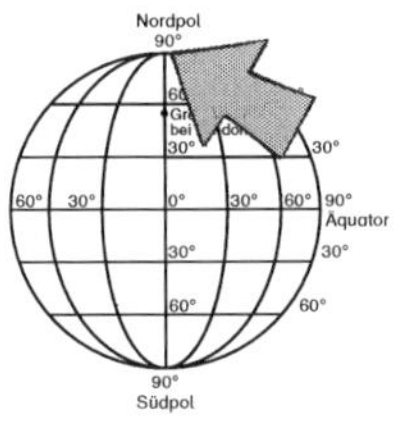

Das Gradnetz

		der Punkt die Punkte *the spot*

Das Gradnetz

		der Südpol – *the South Pole*

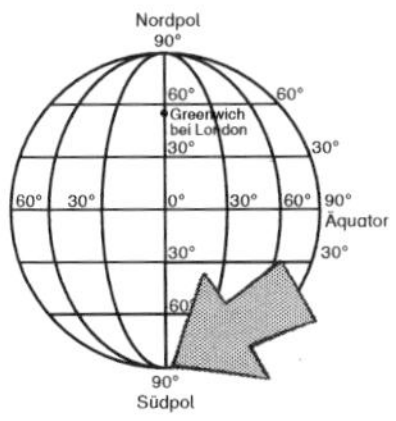

Zur Orientierung auf der Erde hilft (→ helfen) das Gradnetz.

a) Gradnetz

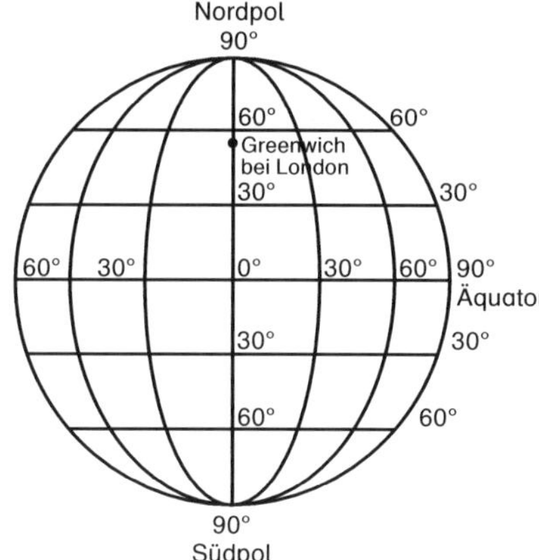

b) Längenkreise

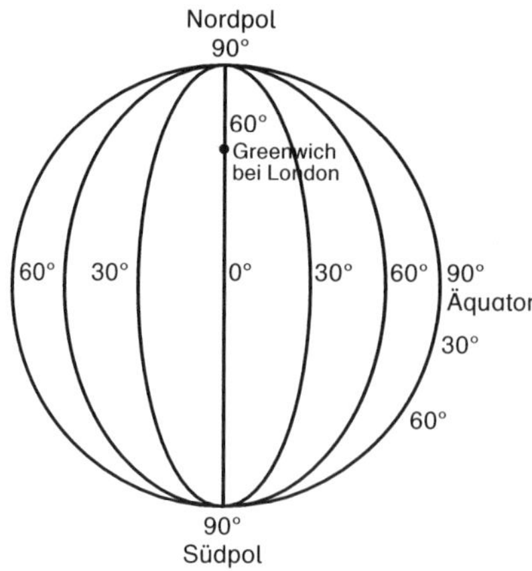

c) Breitenkreise

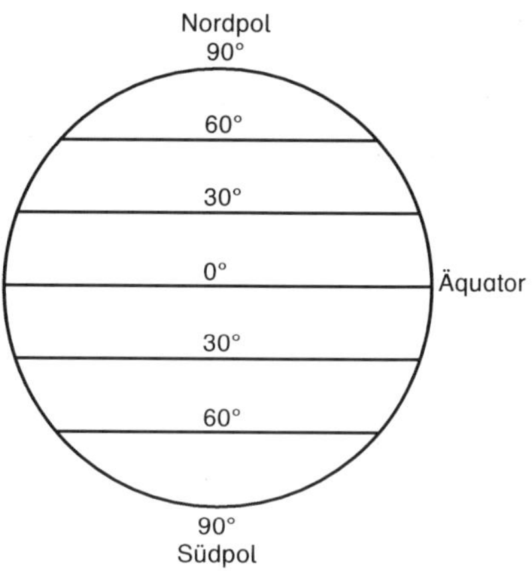

Der 0. Breitenkreis heißt Äquator. Die beiden Pole liegen auf dem 90. Breitenkreis im Norden und im Süden. Sie heißen Nordpol und Südpol.

Überprüfe, ob die Sätze richtig sind.

Male das Kästchen rot an (→ anmalen), wenn der Satz richtig ist.

Male das Kästchen grau an, wenn der Satz falsch ist.

A1: Der 0. Längenkreis ist in Greenwich bei London.

A2: Der Nordpol liegt auf 90° Nord (→ Norden).

A3: Der 90. Breitenkreis ist der Äquator.

B1: Die Längenkreise sind parallel (||).

B2: Die Breitenkreise sind parallel.

B3: Es gibt je 90 Breitenkreise nach Norden und nach Süden.

C1: Der Äquator ist ein Längenkreis.

C2: Der Südpol liegt auf dem Äquator.

C3: Der 0. Breitenkreis ist der Äquator.

A1	A2	A3
B1	B2	B3
C1	C2	C3

Das Gradnetz

Zur Orientierung auf der Erde hilft (→ helfen) das Gradnetz. Damit kann man jeden Punkt der Erde suchen.

a) Gradnetz

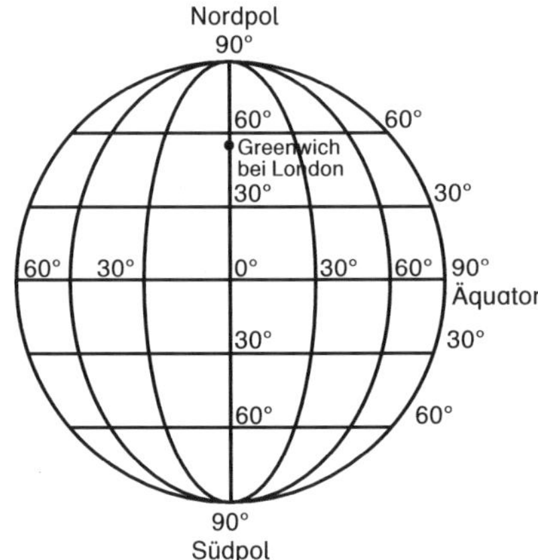

b) Längenkreise

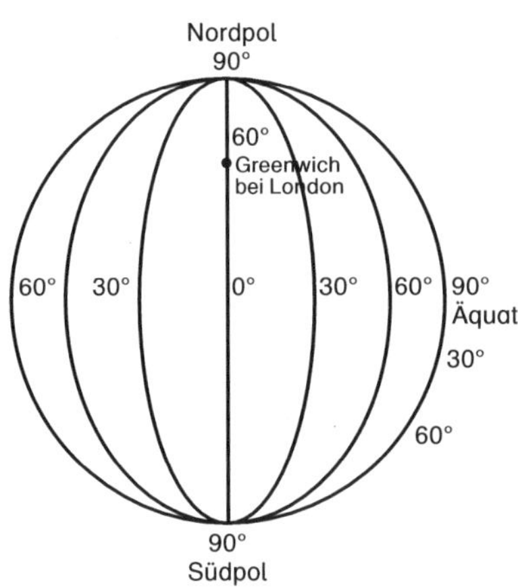

c) Breitenkreise

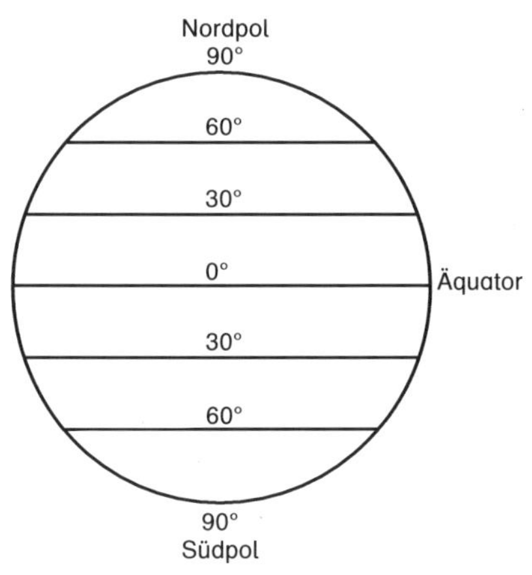

Der 0. Breitenkreis heißt Äquator. Die beiden Pole liegen auf dem 90. Breitenkreis im Norden und im Süden. Sie heißen Nordpol und Südpol.

Der Punkt, an dem sich die Breitenkreise und Längenkreise kreuzen (X), heißt **Koordinate**.

1. Suche im Atlas auf der **Weltkarte** (= Karte der Erde) die Städte, die auf den Koordinaten liegen.

45° Norden / 73° Westen: ____________________

22° Süden / 43° Westen: ____________________

51° Norden / 0° (Westen / Osten): ____________________

30° Süden / 30° Osten: ____________________

60° Norden / 150° Westen: ____________________

33° Süden / 151° Osten: ____________________

2. Ordne die Wörter den richtigen Bildern zu (→ zuordnen).
Schreibe die Buchstaben in die Kästchen.

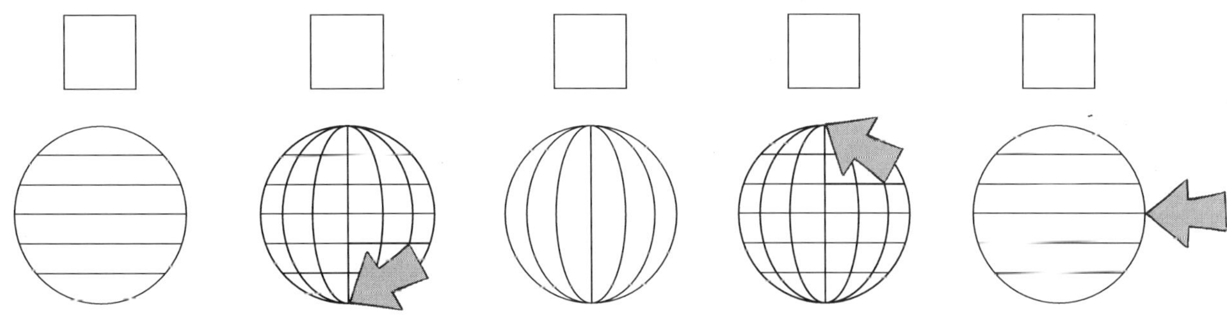

a) Äquator b) Nordpol c) Längenkreise d) Breitenkreise e) Südpol

Das Gradnetz

A1	A2	A3
B1	B2	B3
C1	C2	C3

rot: A1, A2, B2, B3, C3
grau: A3, B1, C1, C2

1. 45° Norden/73° Westen: Montreal

   22° Süden/43° Westen: Rio de Janeiro

   51° Norden/0° (Westen/Osten): London

   30° Süden/30° Osten: Durban

   60° Norden/150° Westen: Anchorage

   33° Süden/151° Osten: Sydney

2. 

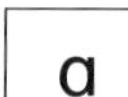

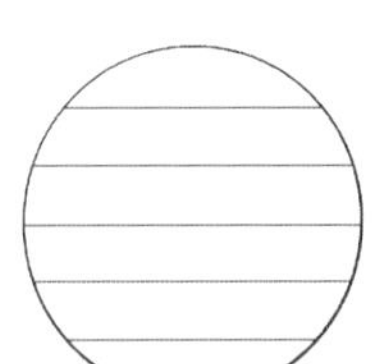
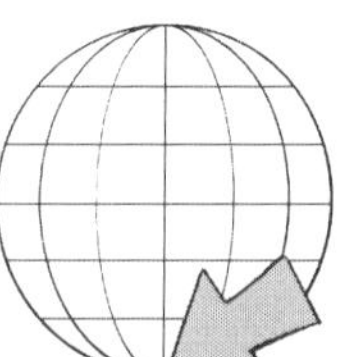
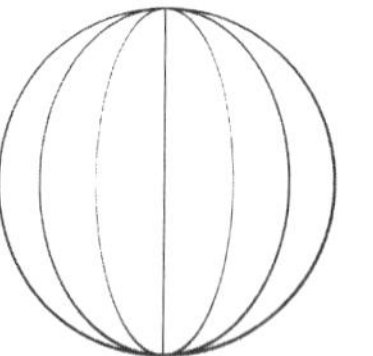
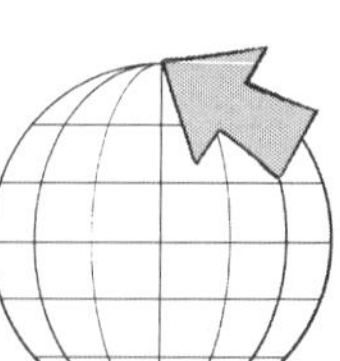
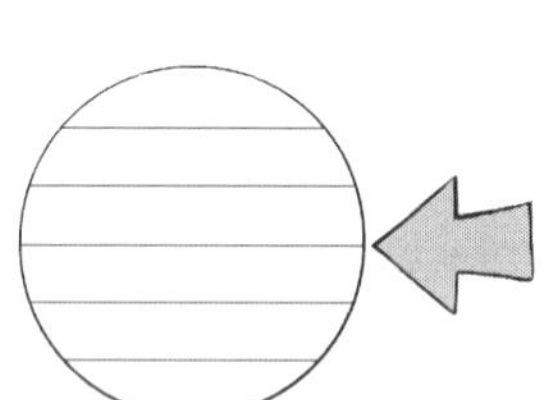

Kontinente und Ozeane

Kontinente und Ozeane		
bedecken bedecke! *to cover*		

Kontinente und Ozeane		
		der Einwohner die Einwohner *the inhabitant*

Kontinente und Ozeane		
		das Eis – *the ice*

Kontinente und Ozeane		
		die Nordhalbkugel – *the northern hemisphere*

Kontinente und Ozeane

1/3 der Erde ist Festland und 2/3 sind Wasser. Es gibt 5 große Ozeane: den **Atlantik**, den **Pazifik**, den **Indischen Ozean**, das **Nordpolarmeer** und das **Südpolarmeer**.
Du siehst (→ sehen) den Pazifik auf der Karte 2×, weil die Erde rund (◯) ist.

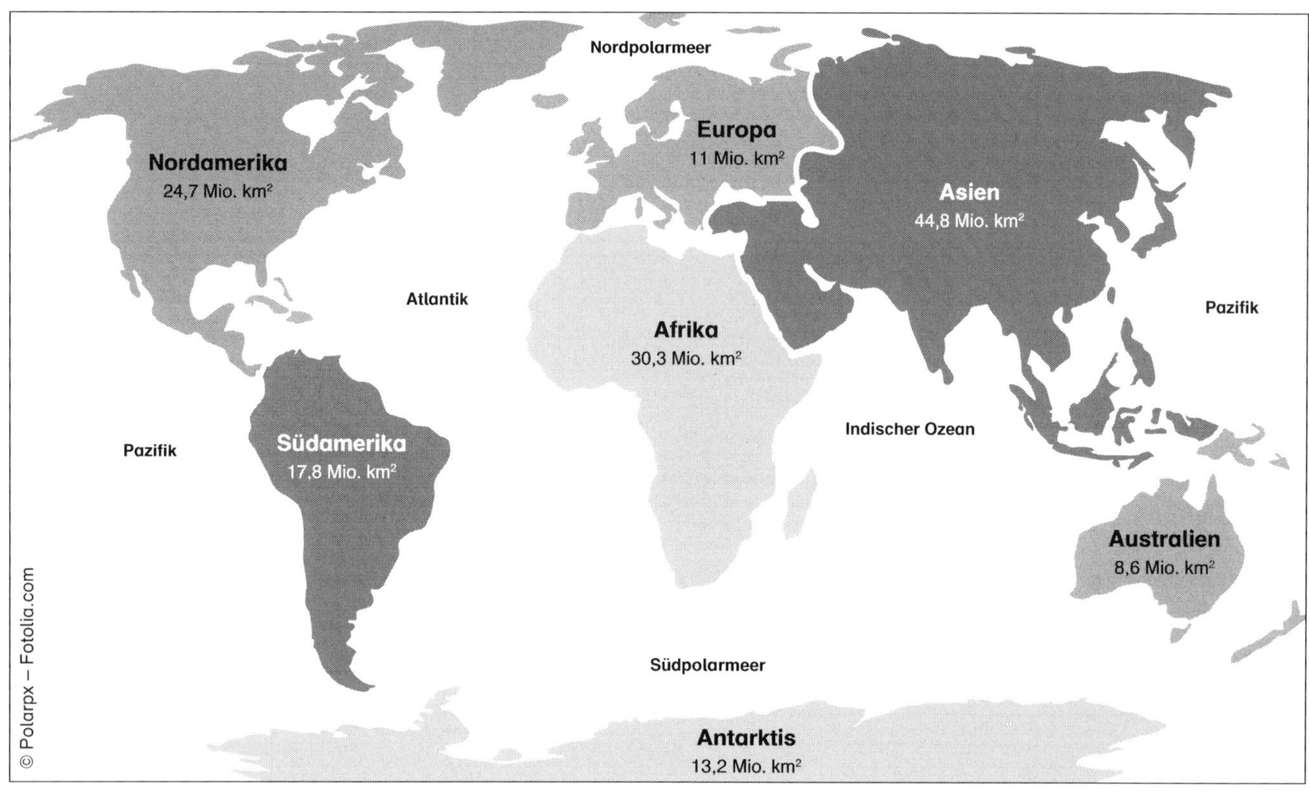

1. Welche Kontinente liegen in welchem Ozean?

Pazifik: ______________________________

Atlantik: ______________________________

Indischer Ozean: ______________________________

Nordpolarmeer: ______________________________

Südpolarmeer: ______________________________

2. Ordne die Kontinente der Größe nach.

① ______________________ ② ______________________

③ ______________________ ④ ______________________

⑤ ______________________ ⑥ ______________________

⑦ ______________________

Kontinente und Ozeane

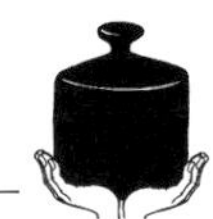

Ein Drittel der Erde ist Festland und zwei Drittel sind Wasser. Es gibt fünf große Ozeane: den **Atlantik**, den **Pazifik**, den **Indischen Ozean**, das **Nordpolarmeer** und das **Südpolarmeer**. In der Antarktis wohnen sehr wenig Menschen. Dort ist es sehr kalt und viel Eis bedeckt den Boden. Du siehst (→ sehen) den Pazifik auf der Karte zweimal, weil die Erde rund ist.

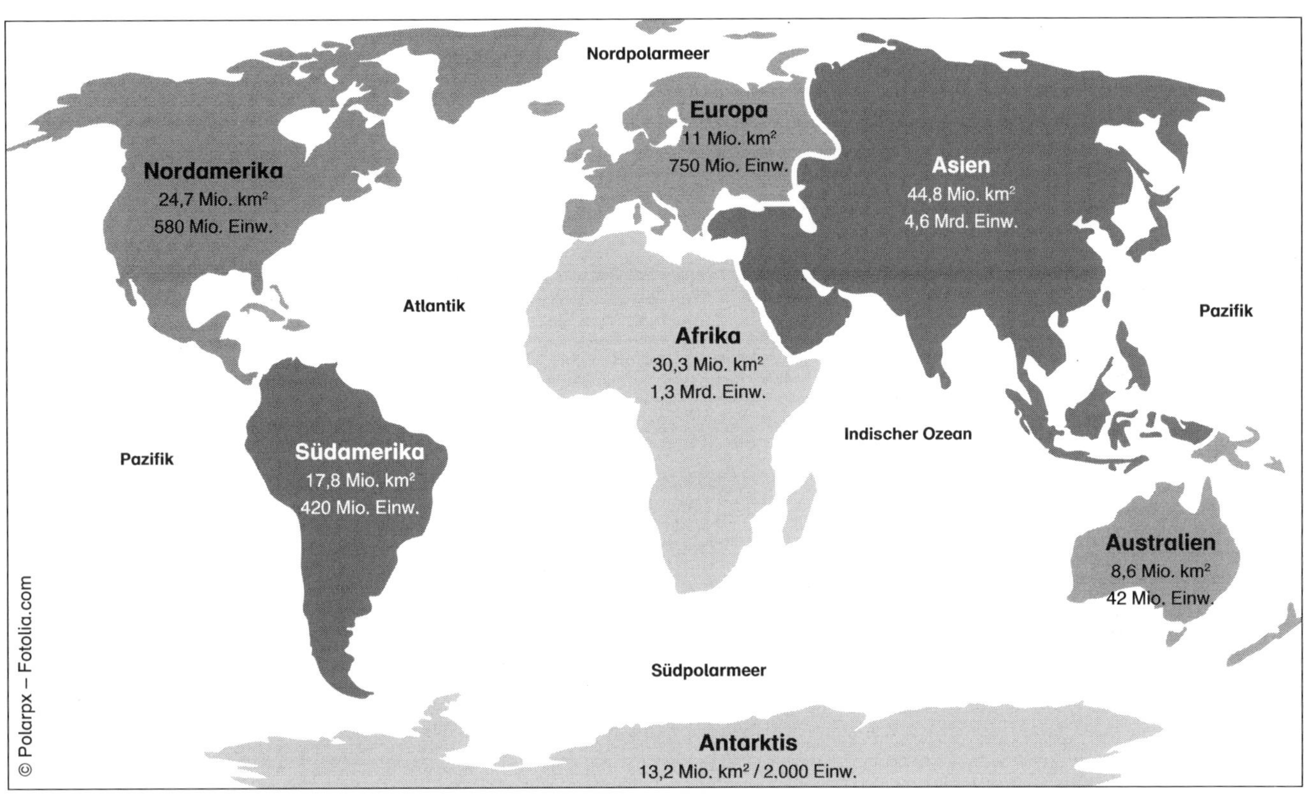

Schneide das Domino aus (→ ausschneiden) und ordne es richtig.

Afrika	der südlichste Ozean	Asien	der Kontinent mit 1,3 Mrd. Einwohnern	Nordamerika	**ENDE**
nördlichster Ozean	der größte Kontinent	Asien	der nördlichste Kontinent	**START**	Australien
Südamerika	Die meisten Menschen wohnen dort.	der kleinste Kontinent	Kontinent im Pazifik und Atlantik	Südpolarmeer	Das meiste Festland liegt dort.
Antarktis	Nordpolarmeer	Afrika, Asien und Australien	Dort wohnen die wenigsten Menschen.	Auf der Nordhalbkugel.	Kontinente im Indischen Ozean

Kontinente und Ozeane

1. Pazifik: Nordamerika, Südamerika, Asien, Australien

Atlantik: Nordamerika, Südamerika, Europa, Afrika

Indischer Ozean: Afrika, Asien, Australien

Nordpolarmeer: Nordamerika, Europa, Asien

Südpolarmeer: Antarktis

2. ① Asien ② Afrika

③ Nordamerika ④ Südamerika

⑤ Antarktis ⑥ Europa

⑦ Australien

START	Australien	der kleinste Kontinent	Kontinent im Pazifik und Atlantik	Südamerika	Die meisten Menschen wohnen dort.
Asien	der Kontinent mit 1,3 Mrd. Einwohnern	Afrika	der südlichste Ozean	Südpolarmeer	Das meiste Festland liegt dort.
Auf der Nordhalbkugel.	Kontinente im Indischen Ozean	Afrika, Asien und Australien	Dort wohnen die wenigsten Menschen.	Antarktis	Nordpolarmeer
nördlichster Ozean	der größte Kontinent	Asien	der nördlichste Kontinent	Nordamerika	**ENDE**

Karten lesen

Karten lesen

		die Brücke die Brücken *the bridge*

Karten lesen

		die Eisenbahn die Eisenbahnen *the railway*

Karten lesen

		der Friedhof die Friedhöfe *the cemetery*

Karten lesen

		das Industriegebiet die Industriegebiete *the industrial site*

Karten lesen

		die Kirche die Kirchen *the church*

Karten lesen

		der See die Seen *the lake*

Karten lesen

		die Straße die Straßen *the street*

Karten lesen

		die Wiese die Wiesen *the meadow*

Karten lesen

		der Zeltplatz die Zeltplätze *the camping site*

Karten lesen

Male den Fluss und den See blau an (→ anmalen). Male 2 rote Straßen und eine rote Stadt, eine schwarze Brücke, eine grüne Wiese und 2 grüne Wälder.

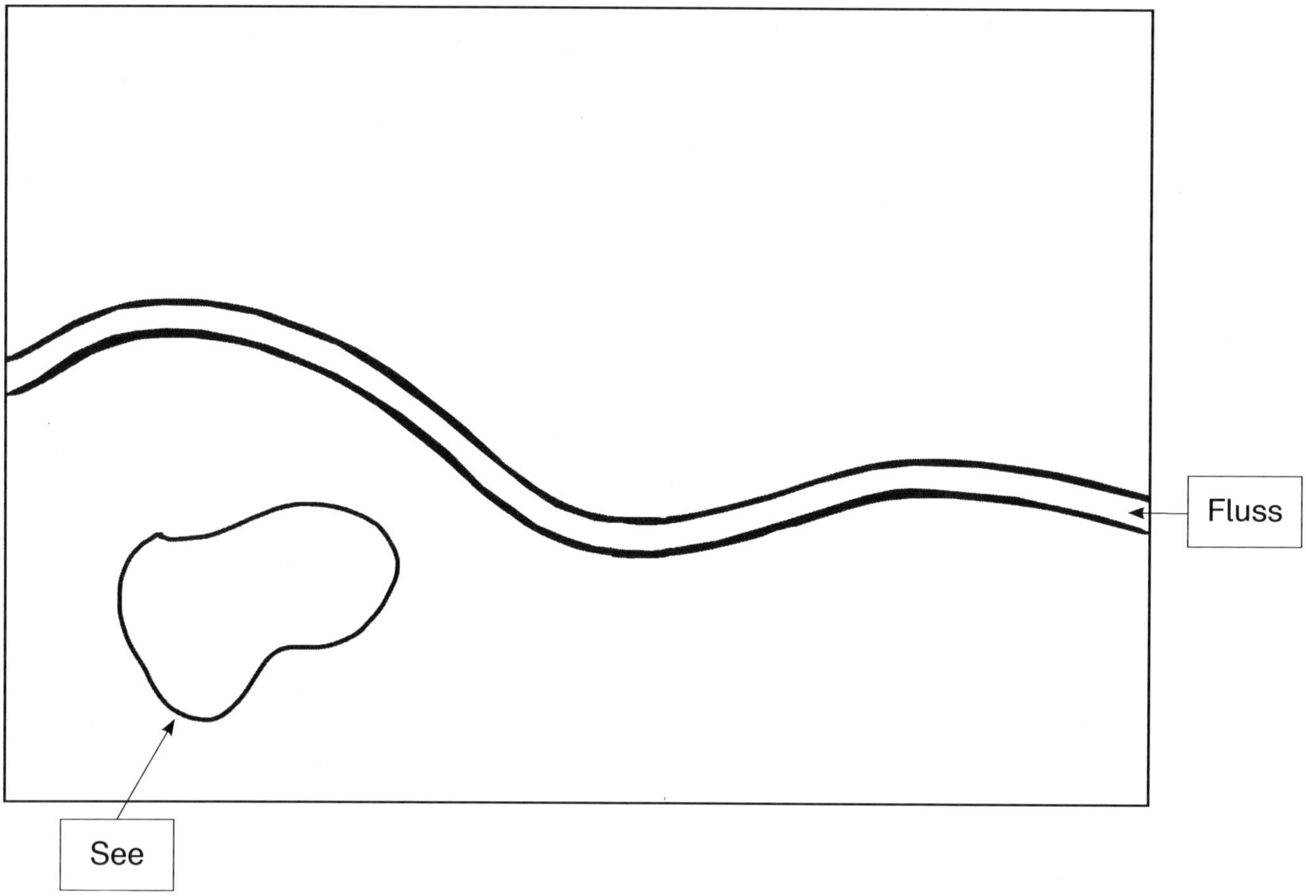

Fluss

See

Legende:			
	Straße (rot)		Brücke (schwarz)
	Stadt (rot)		See (blau)
	Wiese (grün)		Fluss (blau)
	Wald (grün)		

Legende:			
	Straße (rot)		Brücke (schwarz)
	Eisenbahn (schwarz-weiß)		Stadt (rot)
	Friedhof (grün)		Fluss (blau)
	Wiese (grün)		See (blau)
	Wald (grün)		Kirche (schwarz)
	Industriegebiet (schwarz)		Zeltplatz (grün)

Male deine Karte mit den richtigen Farben an (→ anmalen).

In der Mitte fließt ein Fluss.
Zeichne dazu:

- eine Stadt,
- Straßen,
- eine Eisenbahn,
- zwei Wälder,
- Wiesen,
- eine Kirche,
- einen Friedhof,
- zwei weitere Dinge aus der Legende.

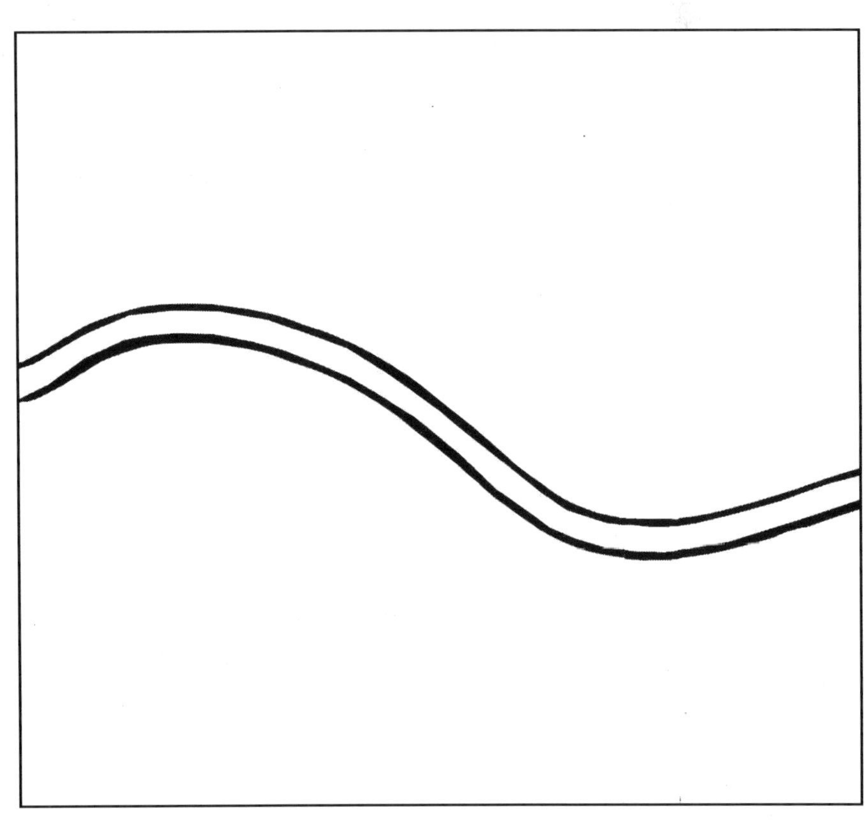

Beispiel:

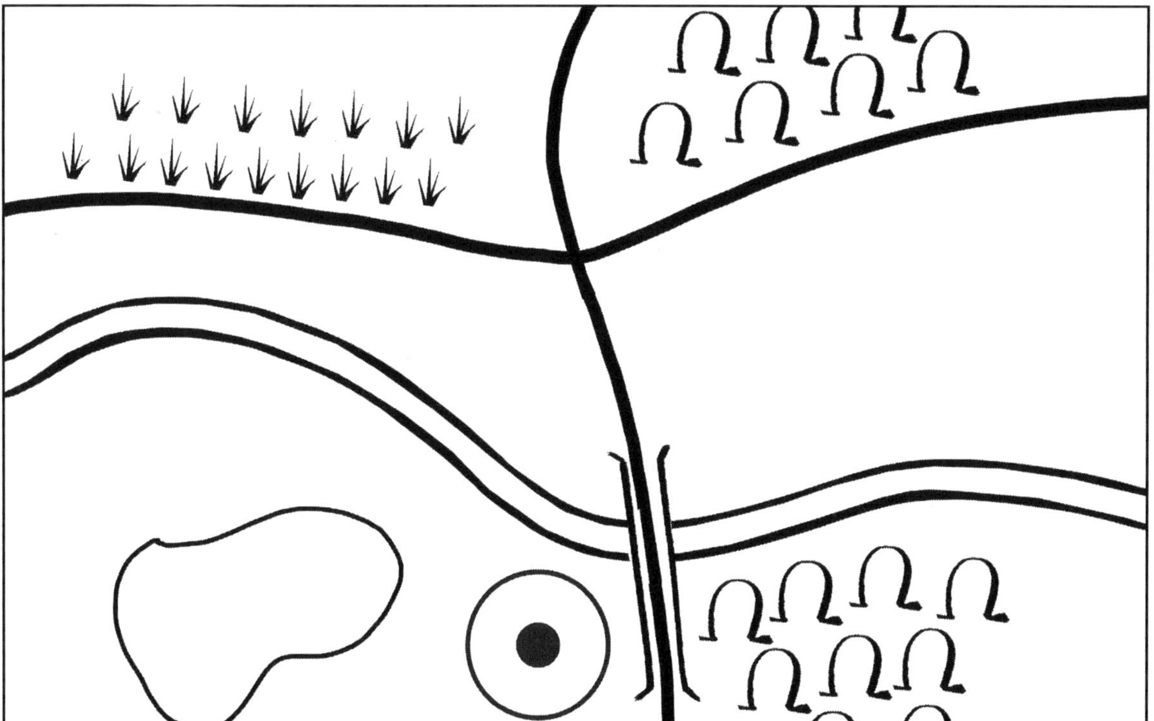

Beispiel:

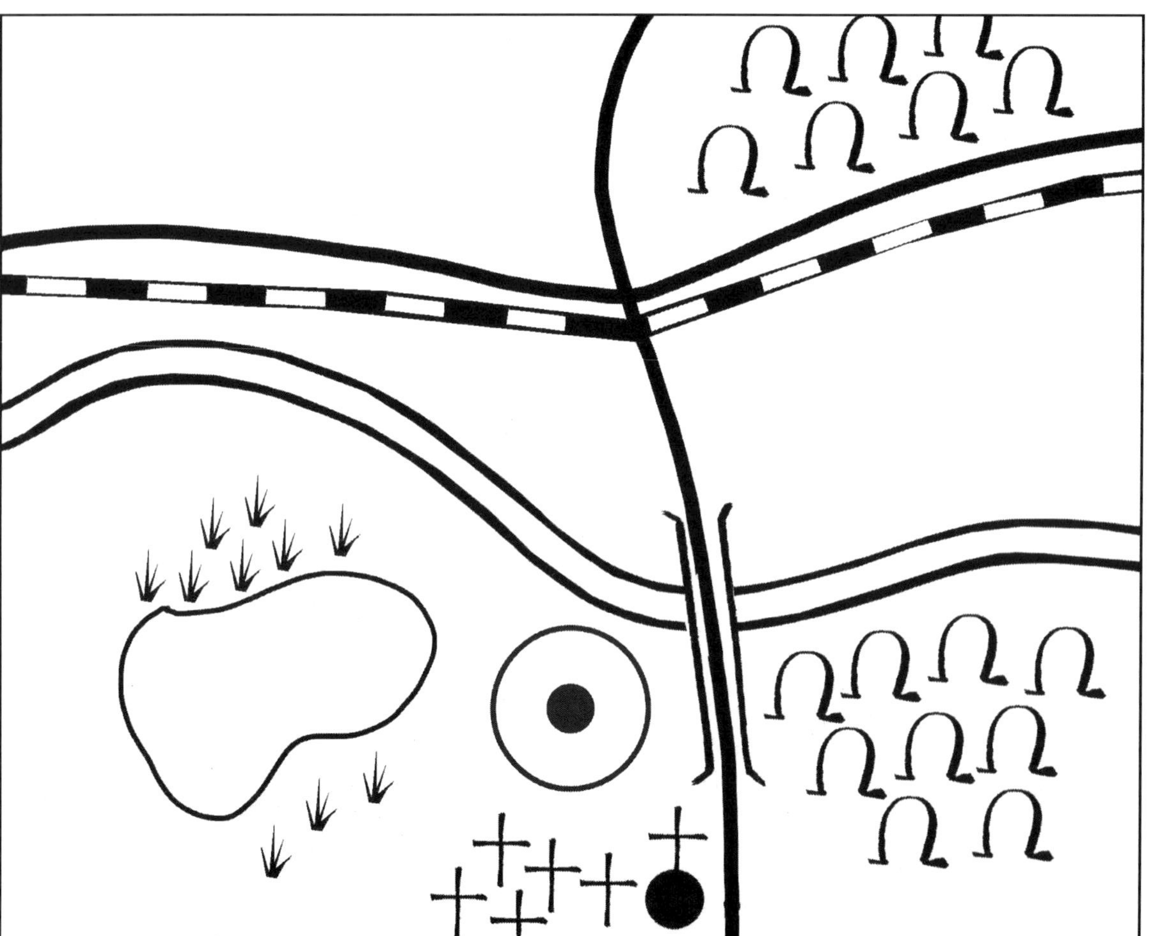

Sich orientieren

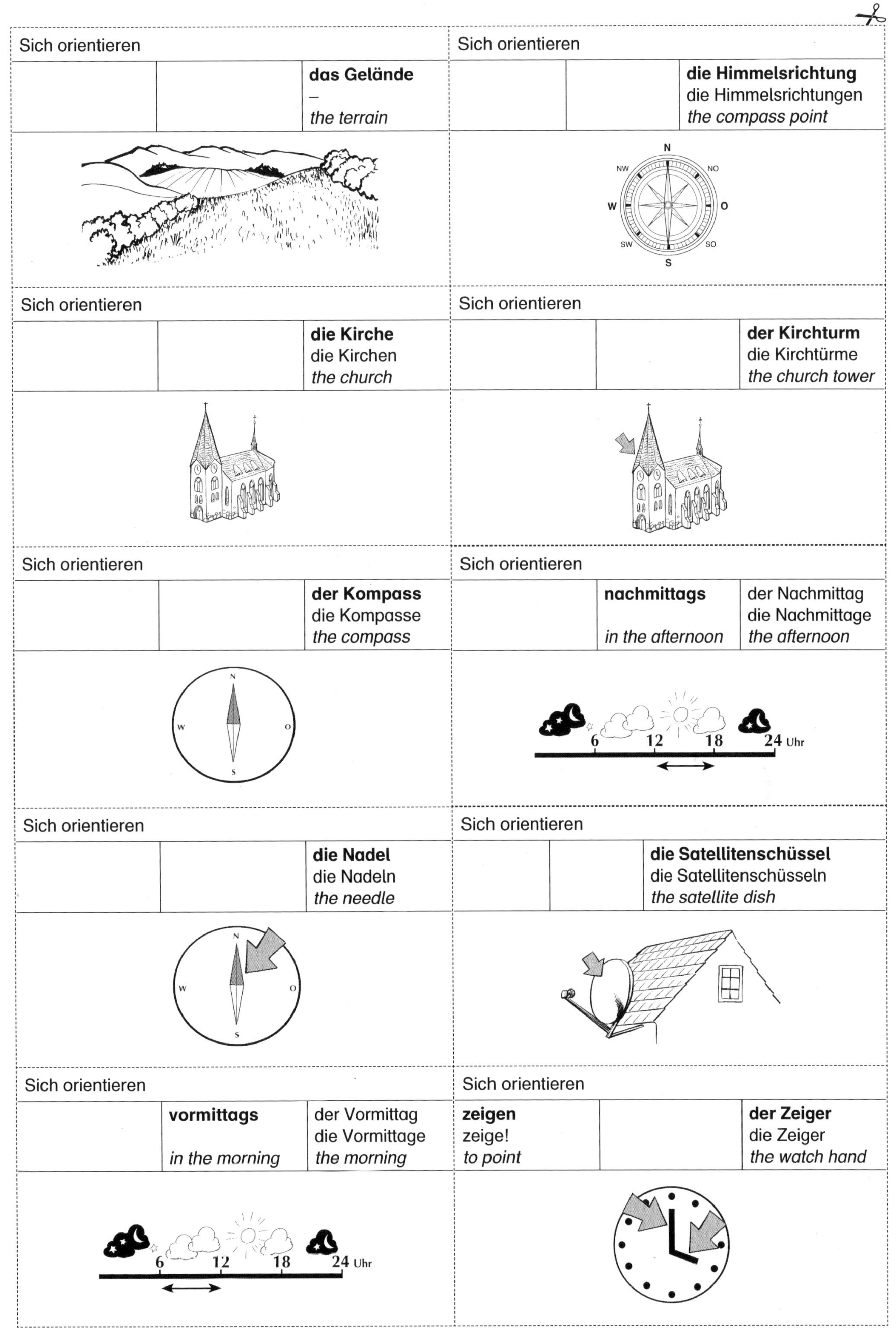

Sich orientieren		
		das Gelände – *the terrain*

Sich orientieren		
		die Himmelsrichtung die Himmelsrichtungen *the compass point*

Sich orientieren		
		die Kirche die Kirchen *the church*

Sich orientieren		
		der Kirchturm die Kirchtürme *the church tower*

Sich orientieren		
		der Kompass die Kompasse *the compass*

Sich orientieren		
	nachmittags *in the afternoon*	der Nachmittag die Nachmittage *the afternoon*

Sich orientieren		
		die Nadel die Nadeln *the needle*

Sich orientieren		
		die Satellitenschüssel die Satellitenschüsseln *the satellite dish*

Sich orientieren		
	vormittags *in the morning*	der Vormittag die Vormittage *the morning*

Sich orientieren		
zeigen zeige! *to point*		**der Zeiger** die Zeiger *the watch hand*

So kannst du dich orientieren:

a) Mit dem Kompass siehst (→ sehen) du, wo Norden liegt.

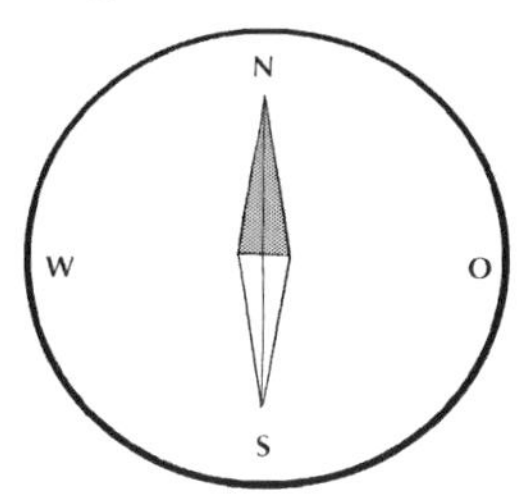

b) Bei alten Kirchen ist der Kirchturm im Westen.

c) Mit einer Uhr kannst du Süden suchen.

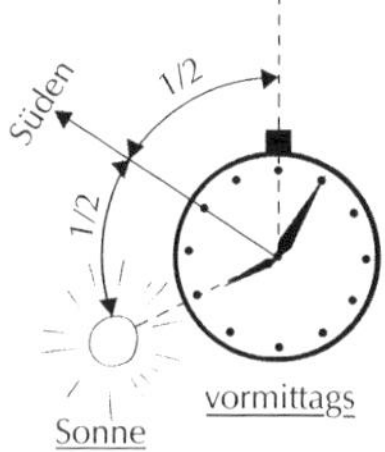

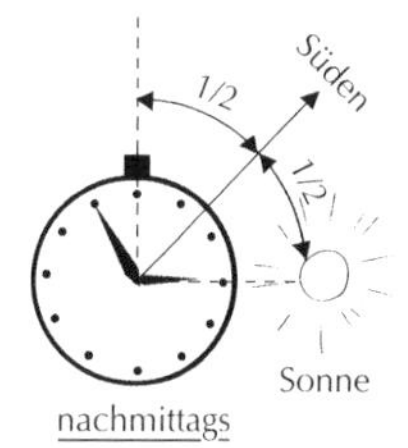

d) In Deutschland zeigen die Satellitenschüsseln nach Süden.

e) An der Sonne siehst du die Himmelsrichtung: Vormittags ist die Sonne im Osten.

1. Wo ist Norden? Beschrifte die Bilder mit dem Buchstaben **N**.

a)

© Thomas Mann – Fotolia.com

b)

© grocap – Fotolia.com

c)

© Tina Jeans – Shutterstock.com

d)

© timboosch – Fotolia.com

2. Kreuze an (→ ankreuzen), welche Himmelsrichtung du siehst (→ sehen).

	N	O	S	W
Satellitenschüsseln				
½ der 2 Zeiger der Uhr				
Kirchturm				
die Sonne vormittags				

Sich orientieren

So kannst du dich im Gelände orientieren:

a) Der Kompass zeigt an, wo Norden liegt.

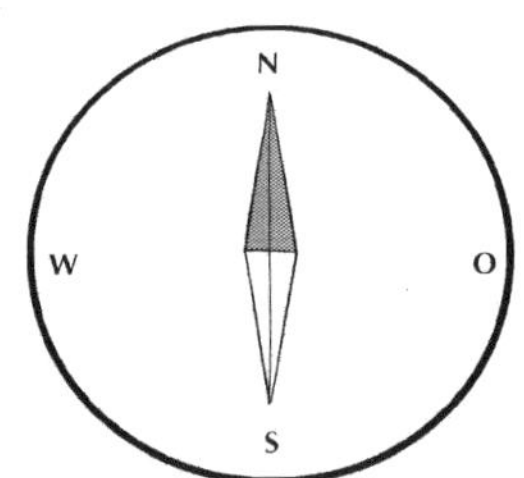

b) Du kannst dich aber auch an alten Kirchen orientieren: Der Kirchturm steht im Westen.

c) Mit einer Uhr kannst du Süden suchen.

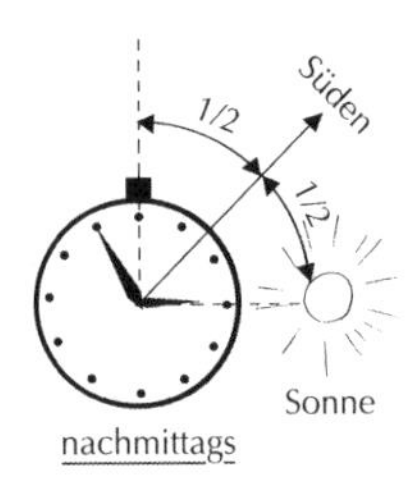

d) In Deutschland zeigen die Satellitenschüsseln nach Süden.

e) An der Sonne siehst (→ sehen) du die Himmelsrichtung: Vormittags ist die Sonne im Osten.

1. Erkläre, wie du die Himmelsrichtung findest.

Westen ist dort, wo ______________________________.

Mit einer Uhr kann ich sehen, ______________________________.

Süden finde ich, wenn ______________________________.

Den Kompass muss ich so halten, dass die Nadel ______________________________.

Vormittags kann ich an der Sonne sehen, ______________________________.

2. Die Himmelsrichtungen siehst (→ sehen) du an einer **Windrose**. Schreibe die Buchstaben für die Himmelsrichtungen (N) Norden, (W) Westen, (S) Süden und (O) Osten in die Kästchen.

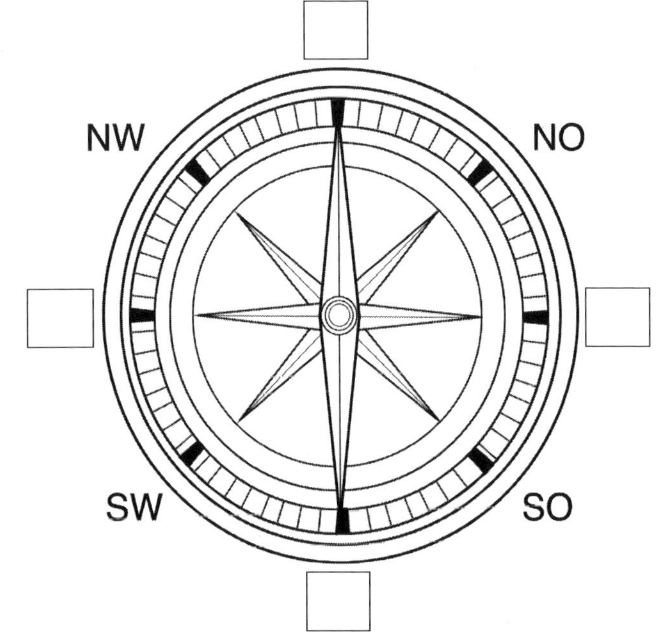

Sich orientieren

1. a)

© Thomas Mann – Fotolia.com

b)

© grocap – Fotolia.com

c)

© Tina Jeans – Shutterstock.com

d)

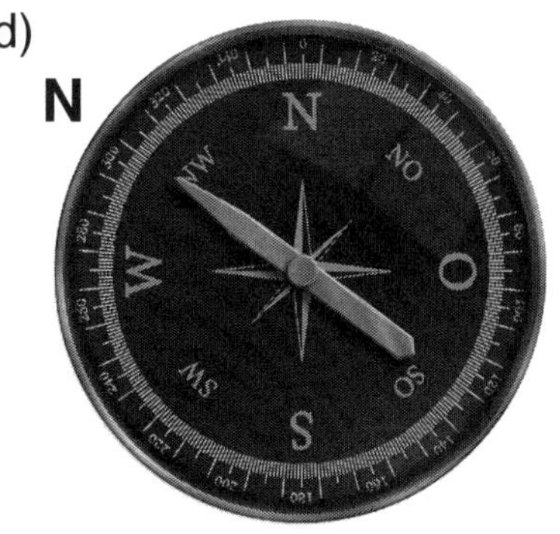

© timboosch – Fotolia.com

2.

	N	O	S	W
Satellitenschüsseln			✗	
½ der 2 Zeiger der Uhr			✗	
Kirchturm				✗
die Sonne vormittags		✗		

1. Beispiel:

Westen ist dort, wo der Kirchturm einer alten Kirche steht.
Mit einer Uhr kann ich sehen, wo Süden ist.
Süden finde ich, wenn ich Häuser mit Satellitenschüssel sehe.
Den Kompass muss ich so halten, dass die Nadel nach Norden zeigt.
Vormittags kann ich an der Sonne sehen, wo Osten ist.

2.

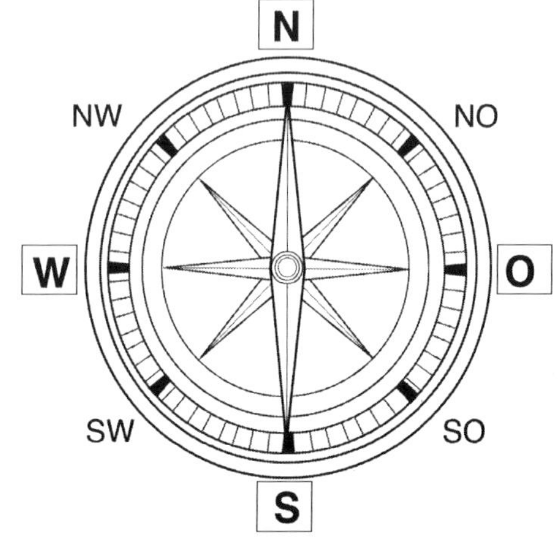

Bundesländer

Bundesländer		
		der Bahnhof die Bahnhöfe *the station*

Bundesländer		
		das Bundesland die Bundesländer *the federal state*

Bundesländer		
		der Flughafen die Flughäfen *the airport*

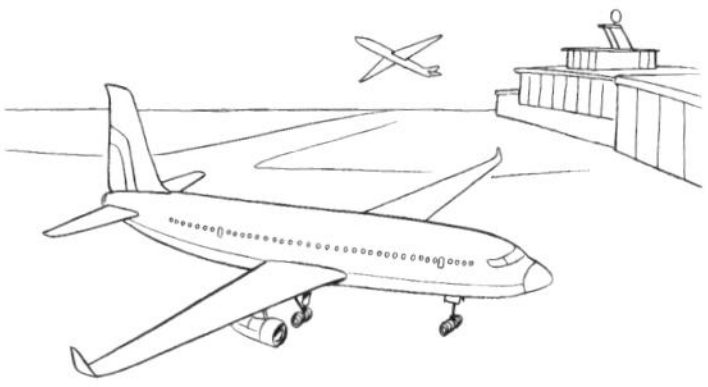

Bundesländer		
		der Hafen die Häfen *the harbour*

Bundesländer		
		die Hauptstadt die Hauptstädte *the capital*

Bundesländer		
		das Industriegebiet die Industriegebiete *the industrial site*

Bundesländer		
	politisch *political*	die Politik – *politics*

Bundesländer		
		die Regierung die Regierungen *the government*

Bundesländer		
	selbstständig *independent*	die Selbstständigkeit – *the independence*

Bundesländer		
		der Stadtstaat die Stadtstaaten *the city state*

Bundesländer

Deutschland ist ein Land mit 16 Bundesländern. Die Hauptstadt ist Berlin.

1. Schreibe die Bundesländer in die Kästchen. Sieh (→ sehen) im Atlas nach.

Baden-Württemberg, Bayern, Berlin, Brandenburg, Bremen, Hamburg, Hessen, Mecklenburg-Vorpommern, Niedersachsen, Nordrhein-Westfalen, Rheinland-Pfalz, Saarland, Sachsen, Sachsen-Anhalt, Schleswig-Holstein, Thüringen

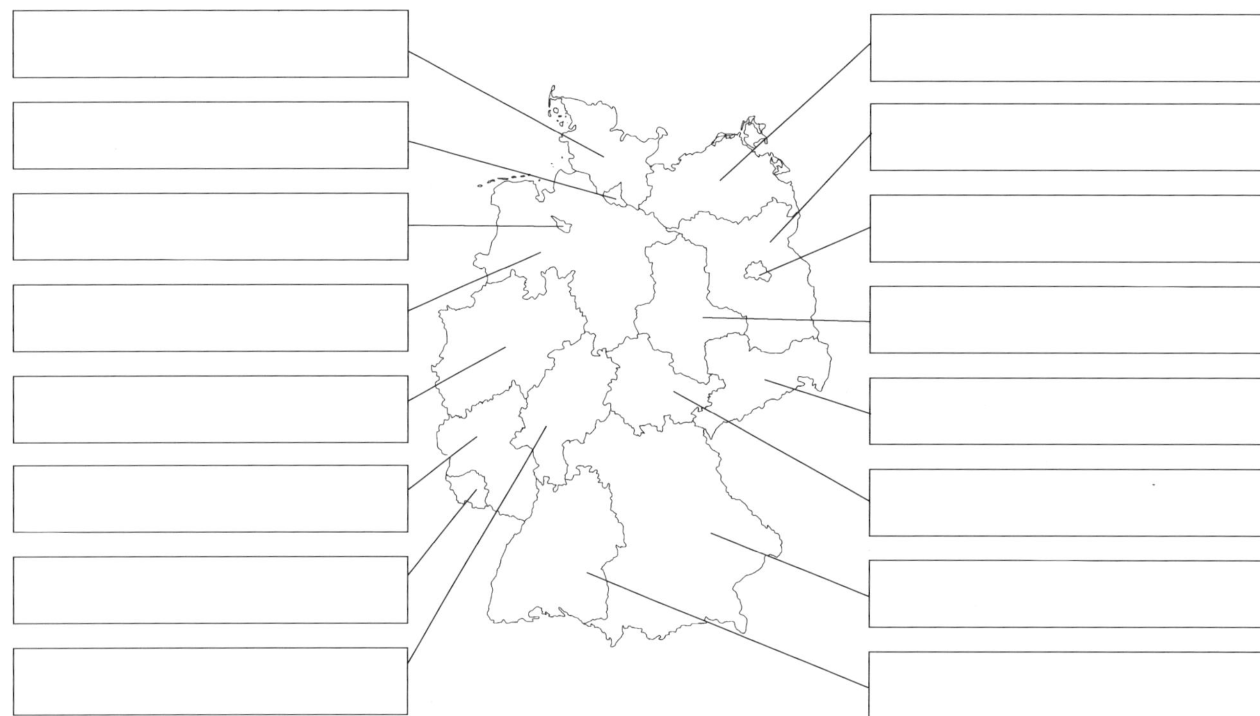

2. Schreibe die Hauptstädte der Bundesländer auf.

Bayern	
Baden-Württemberg	
Hamburg	
Hessen	
Rheinland-Pfalz	

Bundesländer

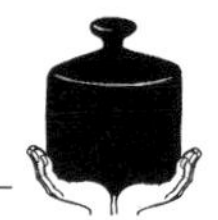

Deutschland ist ein Land mit 16 Bundesländern. Die Hauptstadt ist Berlin. Jedes Bundesland ist politisch selbstständig und hat seine eigene Regierung. Es gibt drei Städte, die auch Bundesländer sind – die Stadtstaaten. Der größte Flughafen Deutschlands liegt im Bundesland Hessen, in der Stadt Frankfurt. Der größte Hafen Deutschlands ist in der Stadt Hamburg. Der größte Bahnhof liegt in der Stadt Berlin. In Nordrhein-Westfalen ist das Ruhrgebiet, das größte Industriegebiet Deutschlands.

1. Schreibe die Bundesländer und ihre Hauptstädte in die Kästchen. Sieh (→ sehen) im Atlas nach.

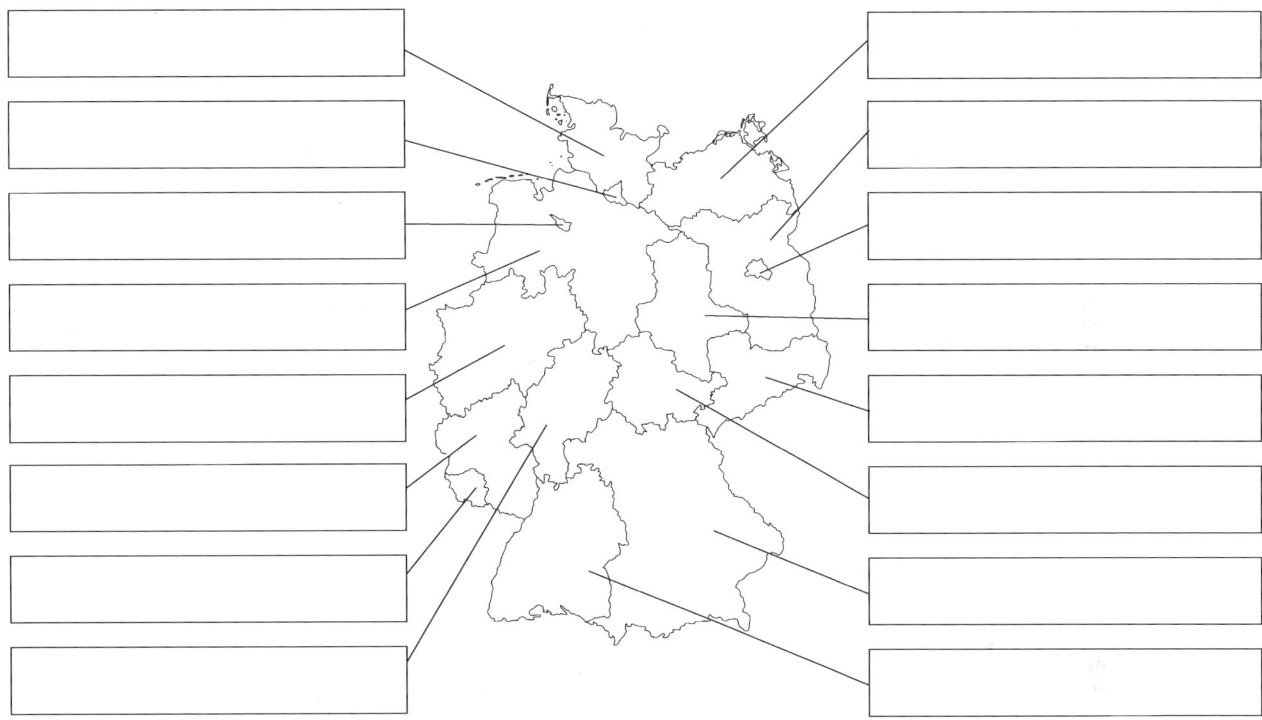

2. Schreibe die vier größten Bundesländer auf.

① ____________________

② ____________________

③ ____________________

④ ____________________

3. Schreibe die drei kleinsten Bundesländer (= Stadtstaaten) auf.

① ____________________

② ____________________

③ ____________________

4. Schreibe zwei Bundesländer auf, die im Süden liegen.

① ____________________

② ____________________

5. Schreibe zwei Bundesländer auf, die im Norden liegen.

① ____________________

② ____________________

Lösung

Bundesländer

1.

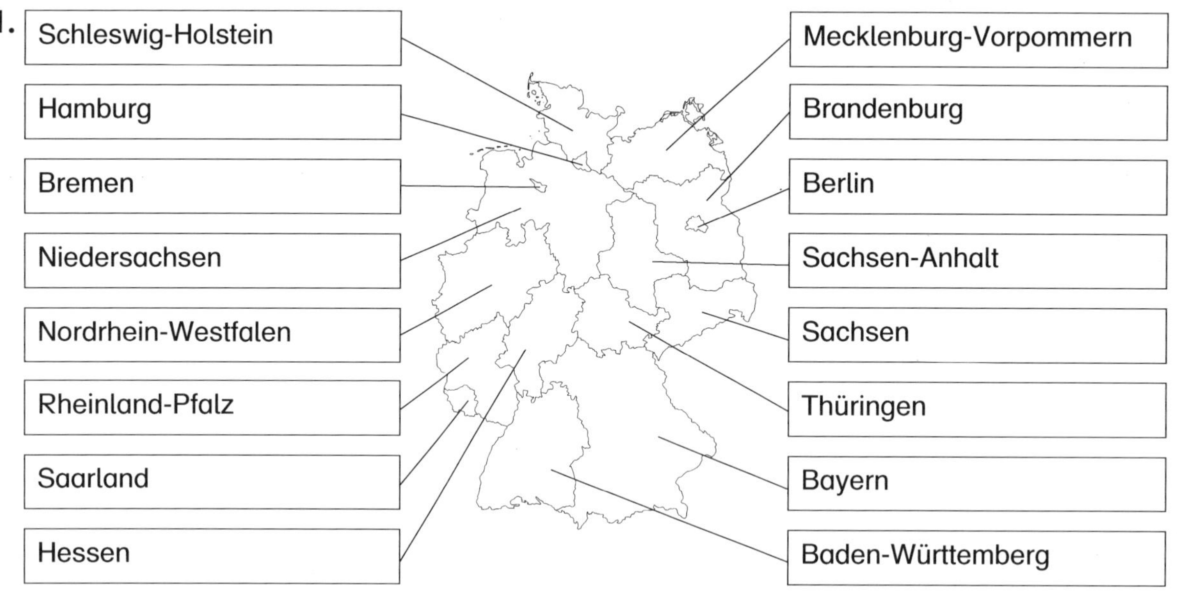

2.

Bayern	München
Baden-Württemberg	Stuttgart
Hamburg	Hamburg
Hessen	Wiesbaden
Rheinland-Pfalz	Mainz

1.

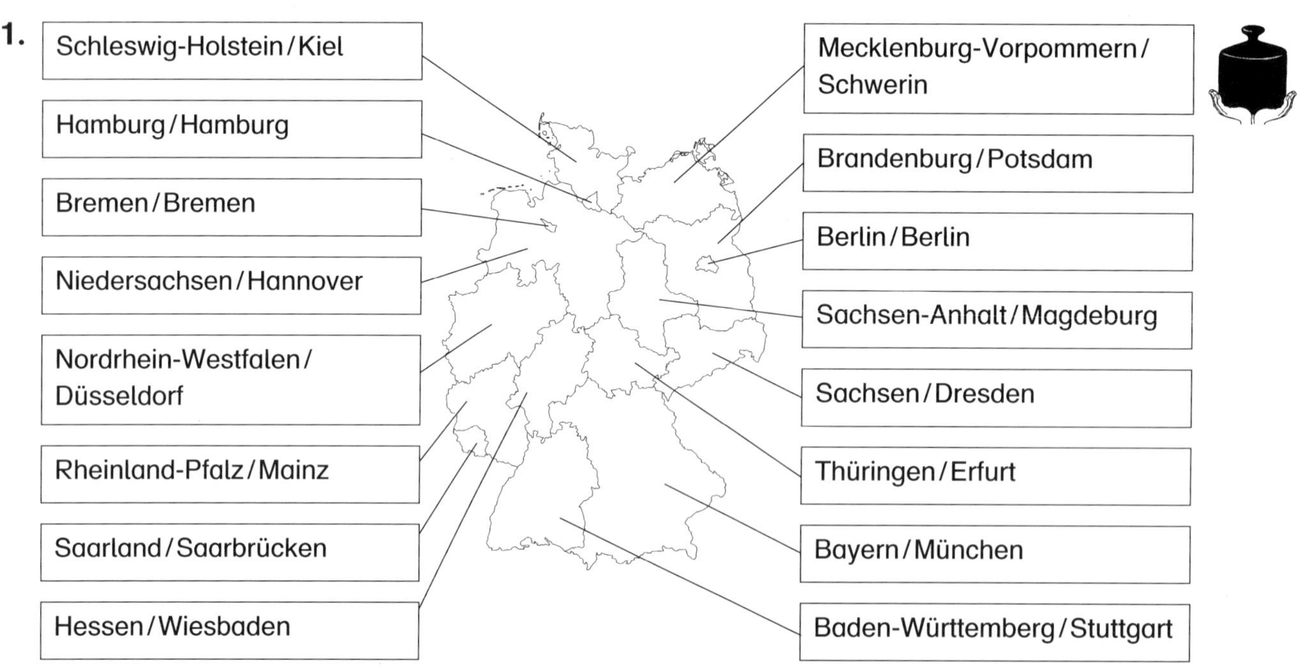

2. ① Bayern
② Niedersachsen
③ Baden-Württemberg
④ Nordrhein-Westfalen

3. ① Bremen
② Hamburg
③ Berlin

4. ① Bayern
② Baden-Württemberg

5. ① Schleswig-Holstein
② Mecklenburg-Vorpommern

Großlandschaften

Großlandschaften		
		der Bereich die Bereiche *the area*

Großlandschaften		
	flach *flat*	

Großlandschaften		
	hügelig *hilly*	**der Hügel** die Hügel *the hill*

Großlandschaften		
	landschaftlich *scenic*	**die Landschaft** die Landschaften *the landscape*

Großlandschaften		
	mittig *central*	**die Mitte** – *the middle*

Großlandschaften		
	norddeutsch *North German*	Norddeutschland – *North Germany*

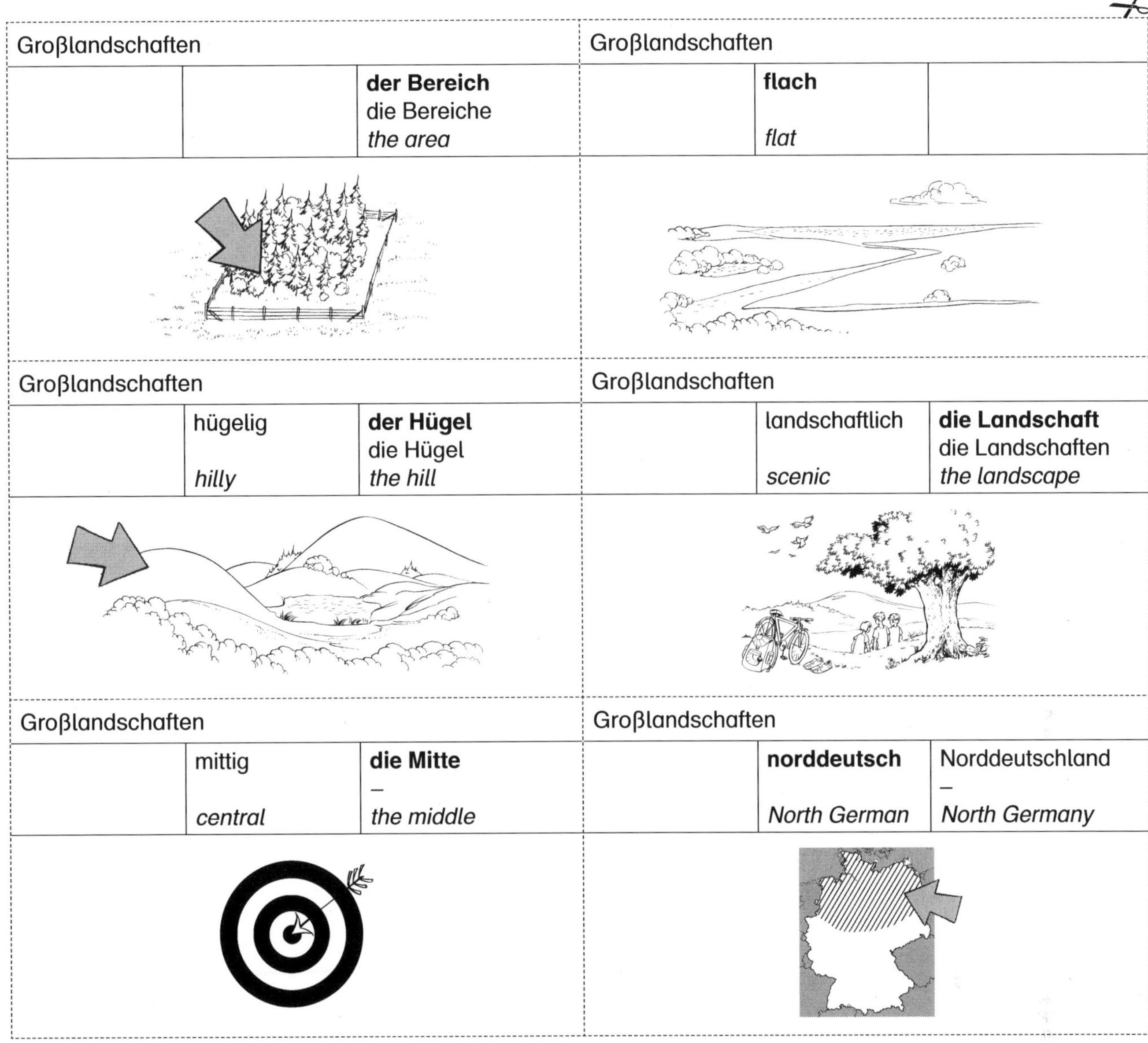

Deutschland hat 4 Bereiche. Die Bereiche heißen **Großlandschaften** (→ Landschaft).

1. Male die einzelnen Großlandschaften (→ Landschaft) mit Buntstiften an (→ anmalen).

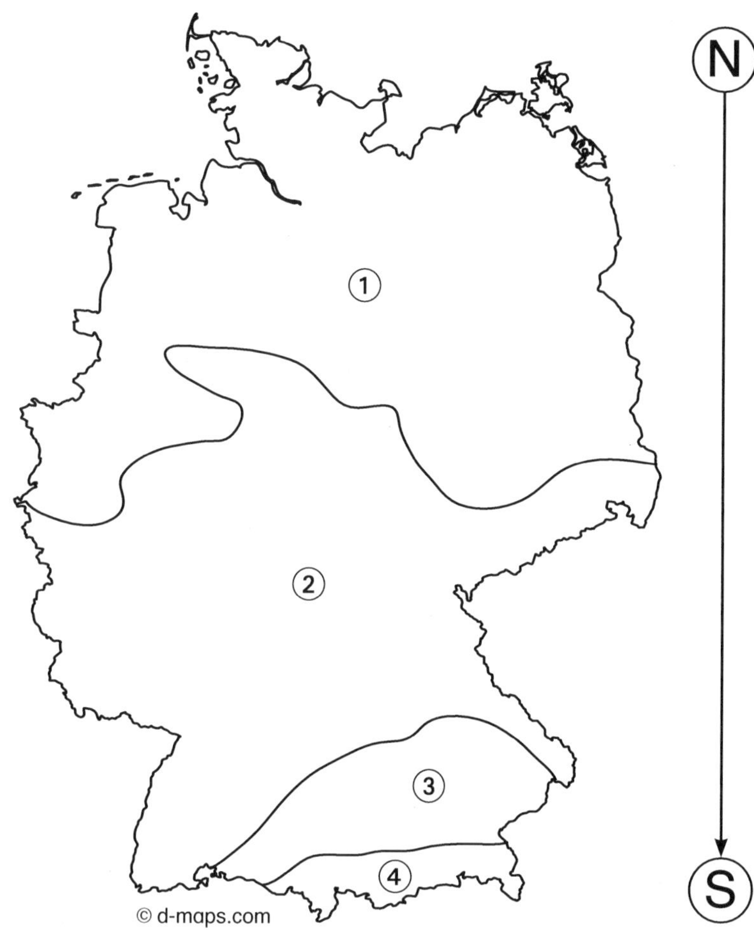

① Norddeutsches Tiefland (grün):
Hier ist es flach, es gibt keine Berge. Der Bereich ist 0–200 m hoch.

② Mittelgebirge (gelb):
Die Berge der Mittelgebirge sind 500–1 500 m hoch.
Sie liegen von Norden nach Süden in der Mitte Deutschlands.

③ Alpenvorland (hellbraun):
Das Alpenvorland ist 300–1 000 m hoch.

④ Alpen (dunkelbraun):
Die Alpen sind 500–>2 000 m hoch.

2. Ordne die Bilder mit Pfeilen (→) den richtigen Großlandschaften (→ Landschaft) zu (→ zuordnen).

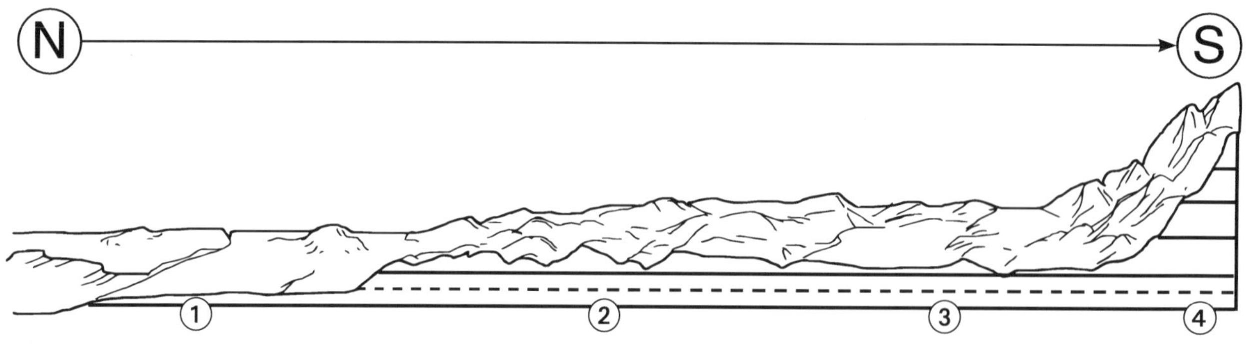

© MEV

© MEV

© MEV

© Netzer Johannes – Fotolia.com

Großlandschaften

Deutschland kann man in vier Bereiche teilen. Die Bereiche heißen **Großlandschaften** (→ Landschaft).

1. Male die einzelnen Großlandschaften (→ Landschaft) mit Buntstiften an (→ anmalen).

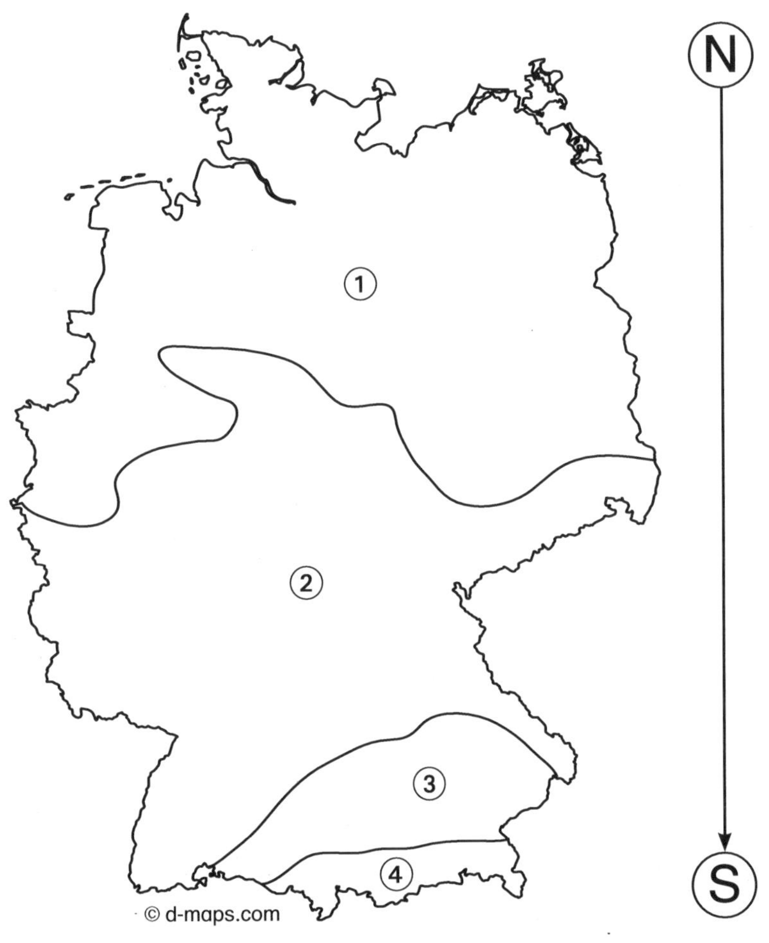

① Norddeutsches Tiefland (grün):
Hier ist es flach, es gibt keine Berge. Der Bereich ist unter 200 m hoch. Es gibt nur wenige Hügel.

② Mittelgebirge (gelb):
Die Berge der Mittelgebirge sind 500–1 500 m hoch. Sie liegen von Norden nach Süden gesehen in der Mitte Deutschlands.

③ Alpenvorland (hellbraun):
Das Alpenvorland ist 300–1 000 m hoch.

④ Alpen (dunkelbraun):
Die Alpen sind 500–>2 000 m hoch.

2. Ordne den Bildern die Zahlen der Großlandschaften (→ Landschaft) zu (→ zuordnen).

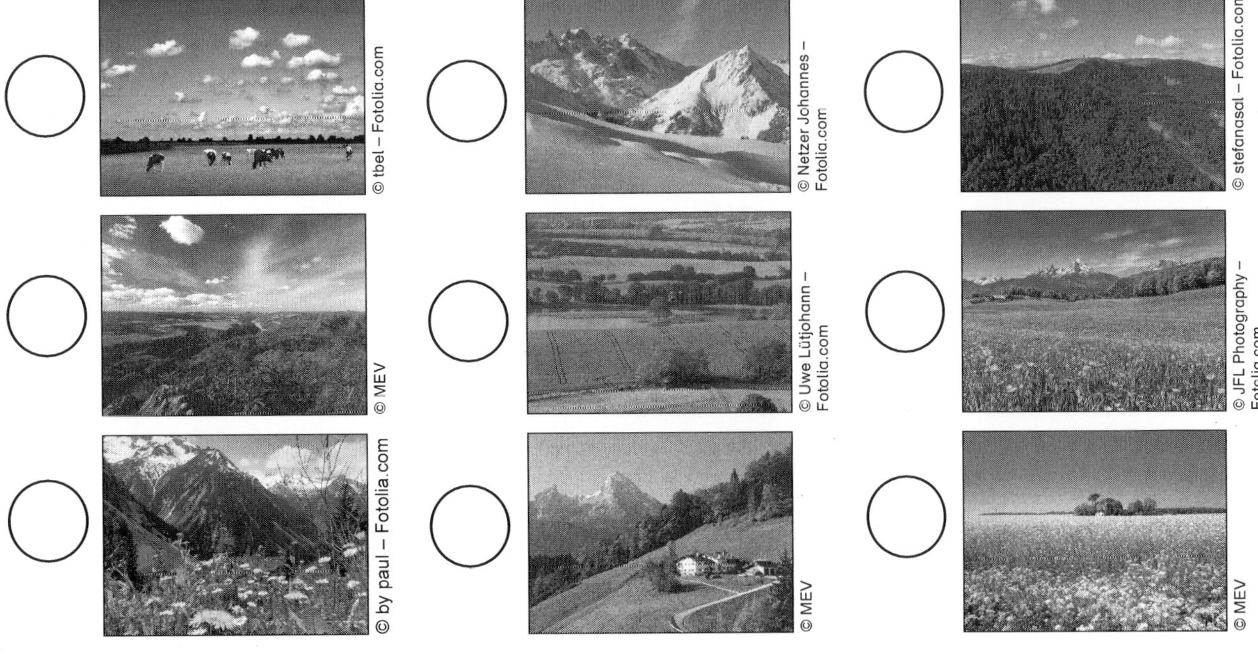

2.

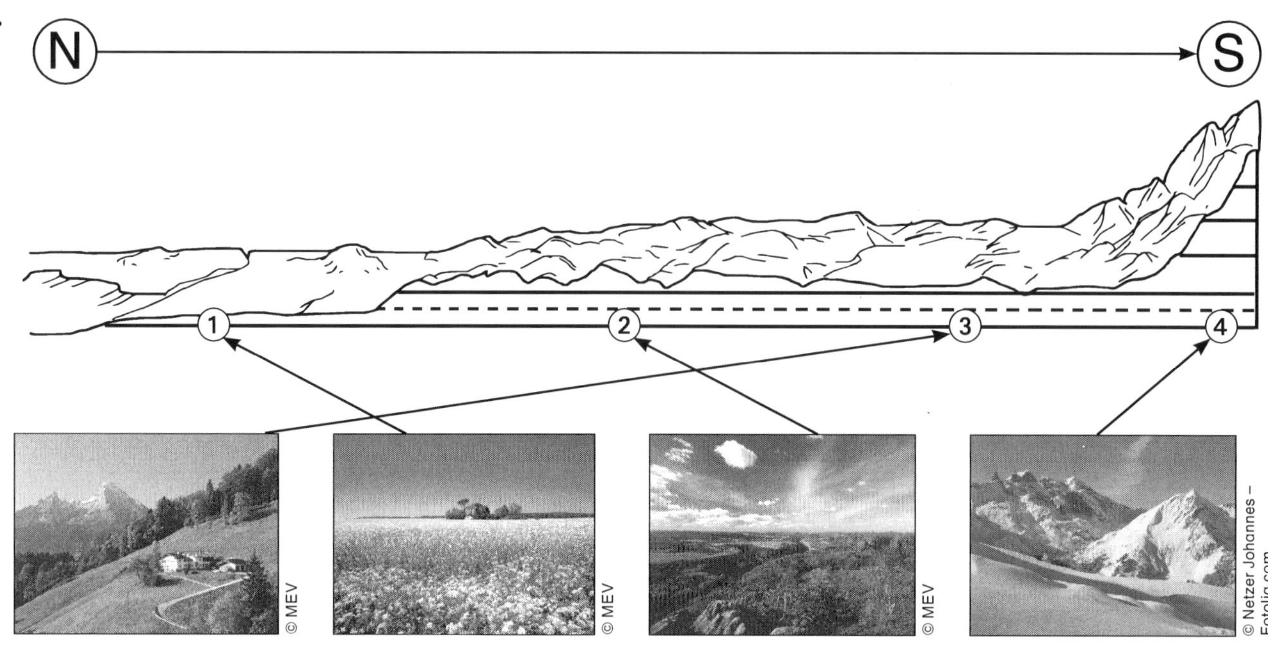

2.

© tbel – Fotolia.com

© Netzer Johannes – Fotolia.com

© stefanasal – Fotolia.com

© MEV

© Uwe Lütjohann – Fotolia.com

© JFL Photography – Fotolia.com

© by paul – Fotolia.com

© MEV

© MEV

Ebbe und Flut

Ebbe und Flut

		die Ebbe – *the low tide*

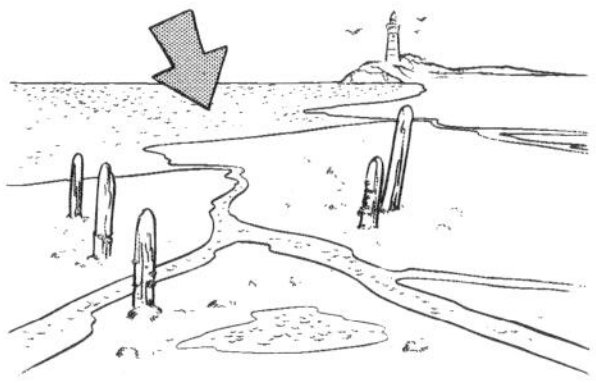

Ebbe und Flut

fallen falle! *to fall*		**das Fallen** – *the fall*

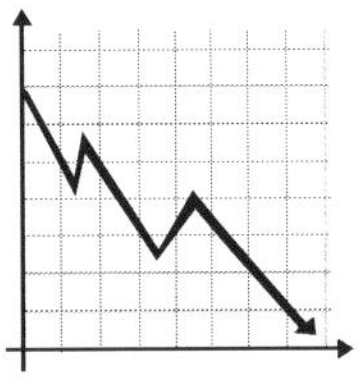

Ebbe und Flut

		die Flut – *the high tide*

Ebbe und Flut

		– **die Gezeiten** *the tides*

Ebbe und Flut

		das Hochwasser – *the high water*

Ebbe und Flut

		die Küste die Küsten *the coast*

Ebbe und Flut

		das Niedrigwasser – *the low water*

Ebbe und Flut

steigen steige! *to rise*		**das Steigen** – *the rise*

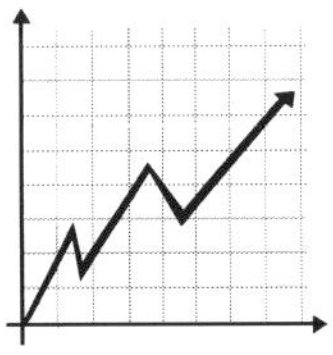

Ebbe und Flut

1. Suche die Wörter:

HOCHWASSER	WASSER
FLUT	STEIGEN
EBBE	FALLEN
KÜSTE	

B	A	F	A	L	L	E	N	J	D	Q
H	H	O	C	H	W	A	S	S	E	R
A	L	P	E	N	M	I	L	T	D	F
F	L	L	Z	K	Ü	S	T	E	I	W
L	T	U	A	N	Z	T	U	I	Ü	K
U	S	T	E	R	W	E	O	G	G	L
T	I	D	X	M	E	B	B	E	G	A
L	E	H	G	K	T	O	T	N	U	B
H	W	A	S	S	E	R	A	U	S	N

2. Betrachte den Themenwortschatz. Schreibe die richtigen Wörter in die Kästchen.

An der ________ der Nordsee steigt und fällt (→ fallen) das Wasser 2-mal am Tag.

Das Steigen nennt man ________.

Das ________ nennt man Ebbe.

Wenn das Wasser ganz hoch ist, heißt das  ________.

________ ist, wenn das Wasser ganz tief ist.

Ebbe und Flut heißen „Gezeiten“.

3. Schreibe die Wörter in die Kästchen: Hochwasser, Niedrigwasser, Ebbe, Flut.

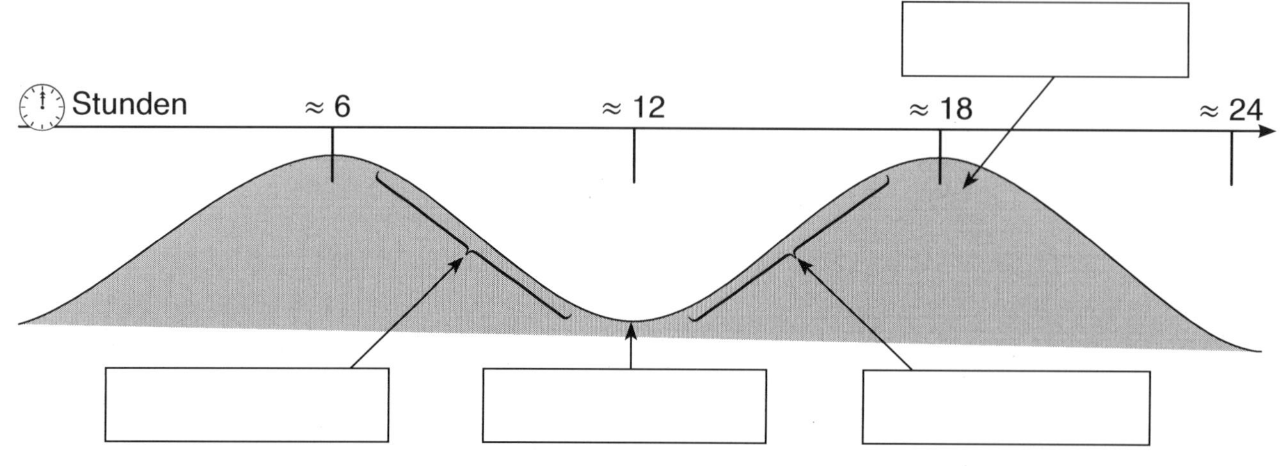

Arbeitsblatt

Ebbe und Flut

1. Schneide die Pfeile (▷) aus (→ ausschneiden) und ordne sie richtig.

Wenn die Flut am höchsten (→ hoch) ist,

Das Fallen nennt man

An der Küste der Nordsee steigt und

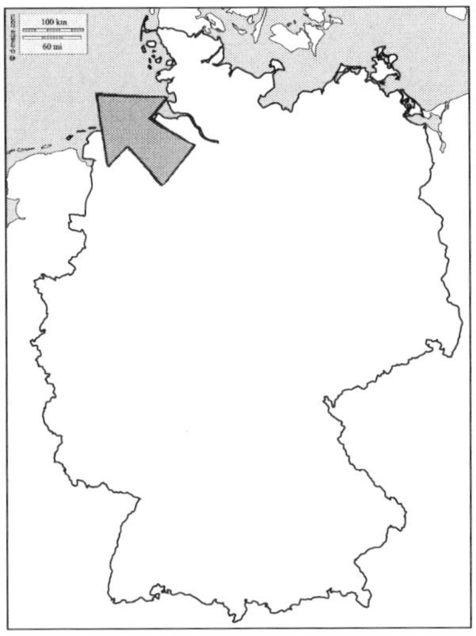

© d-maps.com

Niedrigwasser ist, wenn

man Flut.

heißt das Hochwasser.

das Wasser am tiefsten (→ tief) steht.

Ebbe.

fällt (→ fallen) das Wasser zweimal am Tag.

auch „Gezeiten".

Das Steigen nennt

Ebbe und Flut nennt man

2. Beantworte die Fragen.

a) Wie lange dauert es von einem Hochwasser zum nächsten? ________________

b) Wie lange dauert die Flut? ________________

c) Was passiert bei Ebbe? ________________

d) Wie lange dauert es von Niedrigwasser zu Hochwasser? ________________

Ebbe und Flut

1.

B	A	F	A	L	L	E	N	J	D	Q
H	H	O	C	H	W	A	S	S	E	R
A	L	P	E	N	M	I	L	T	D	F
F	L	L	Z	K	Ü	S	T	E	I	W
L	T	U	A	N	Z	T	U	I	Ü	K
U	S	T	E	R	W	E	O	G	G	L
T	I	D	X	M	E	B	B	E	G	A
L	E	H	G	K	T	O	T	N	U	B
H	W	A	S	S	E	R	A	U	S	N

2. An der Küste der Nordsee steigt und fällt (→ fallen) das Wasser 2-mal am Tag.
Das Steigen nennt man Flut.
Das Fallen nennt man Ebbe.
Wenn das Wasser ganz hoch ist, heißt das Hochwasser.
Niedrigwasser ist, wenn das Wasser ganz tief ist.
Ebbe und Flut heißen „Gezeiten“.

3.

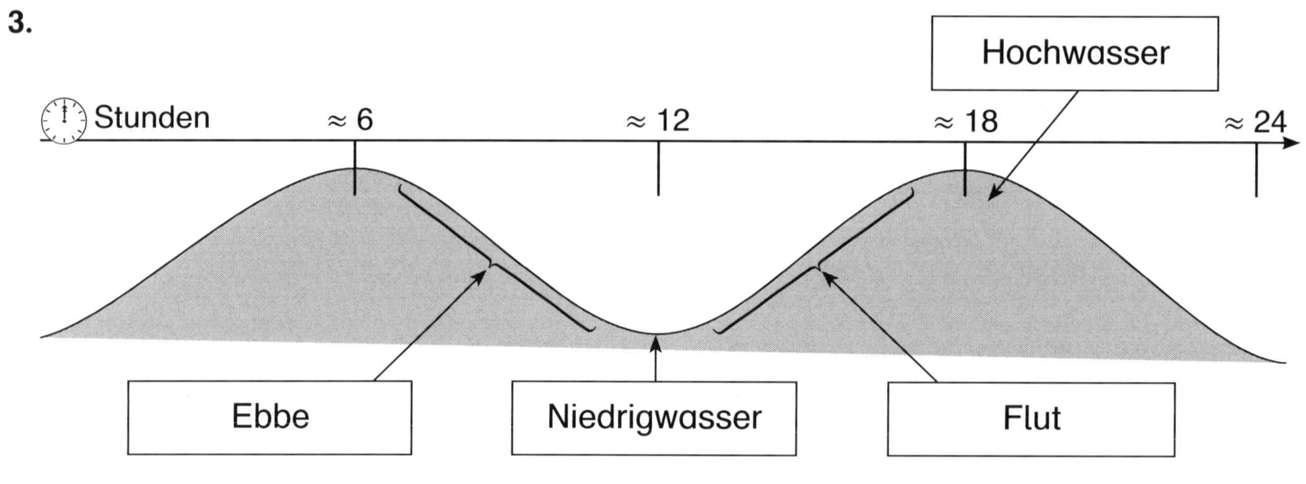

1. An der Küste der Nordsee steigt und fällt (→ fallen) das Wasser zweimal am Tag. Das Steigen nennt man Flut. Das Fallen nennt man Ebbe. Wenn die Flut am höchsten (→ hoch) ist, heißt das Hochwasser. Niedrigwasser ist, wenn das Wasser am tiefsten (→ tief) steht. Ebbe und Flut nennt man auch „Gezeiten“.

2. a) Zwölf Stunden.
b) Sechs Stunden.
c) Das Wasser fällt.
d) Sechs Stunden.

Deichbau

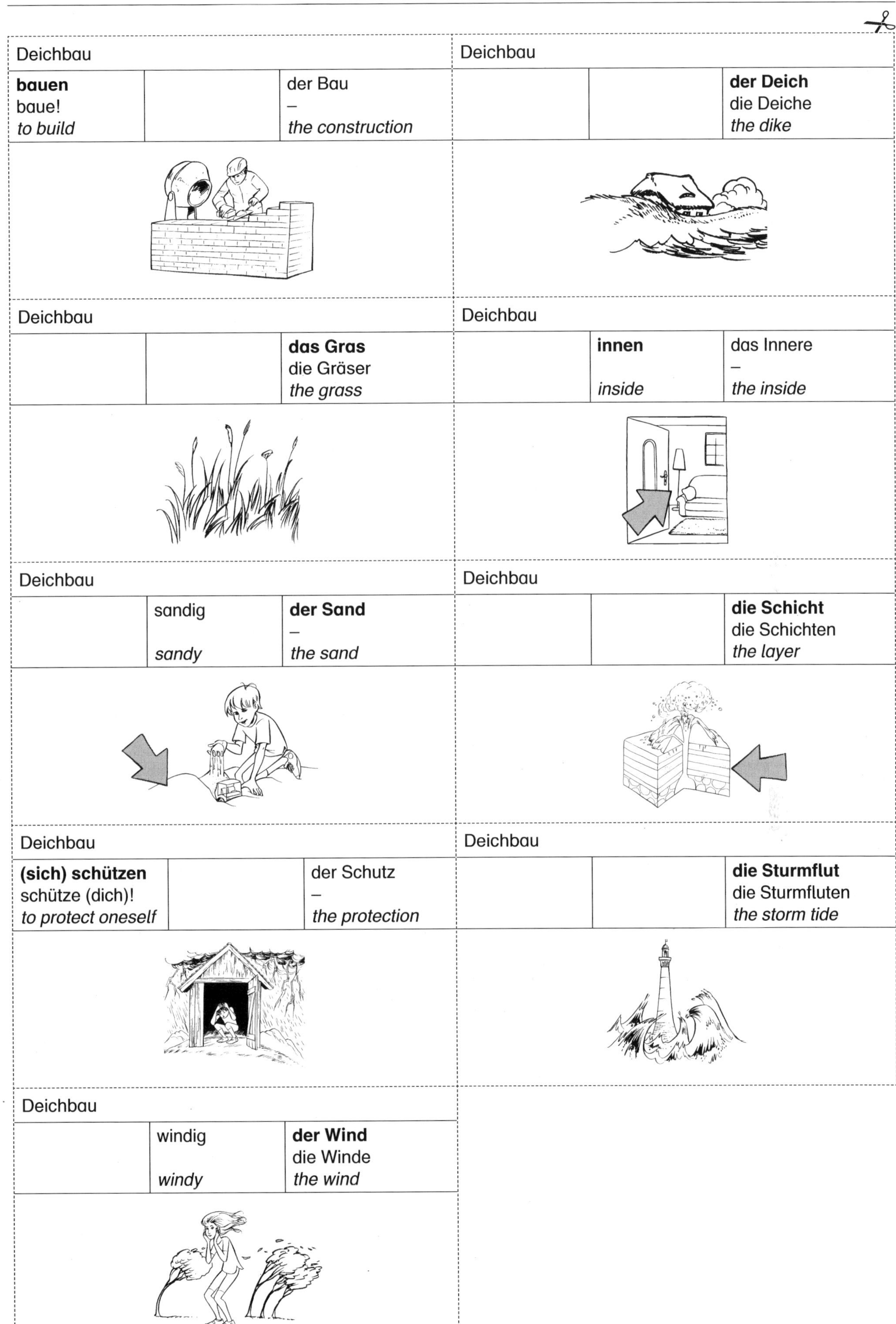

Deichbau

bauen baue! *to build*		der Bau – *the construction*

Deichbau

		der Deich die Deiche *the dike*

Deichbau

		das Gras die Gräser *the grass*

Deichbau

	innen *inside*	das Innere – *the inside*

Deichbau

	sandig *sandy*	**der Sand** – *the sand*

Deichbau

		die Schicht die Schichten *the layer*

Deichbau

(sich) schützen schütze (dich)! *to protect oneself*		der Schutz – *the protection*

Deichbau

		die Sturmflut die Sturmfluten *the storm tide*

Deichbau

	windig *windy*	**der Wind** die Winde *the wind*

Deichbau

© Ivonne Wierink – Fotolia.com

Seit ca. 1 000 Jahren schützen sich die Menschen an der Nordsee gegen Sturmfluten. Sie bauen Deiche zwischen dem Meer und ihren Häusern (→ Haus).

Der Deich ist innen aus Sand. ca. 8 m **= Sandkern**

Dann kommt eine Schicht Boden. **= Kleischicht**

Oben auf dem Deich ist Gras.

ca. 95 m

So ist der Deich vor Wind und Wasser geschützt (→ schützen).
Ganz oben ist die **Deichkrone**.

Ordne die Wörter in die Kästchen: Deich, Deichkrone, Kleischicht, Meer, Haus, Gras, Sandkern.

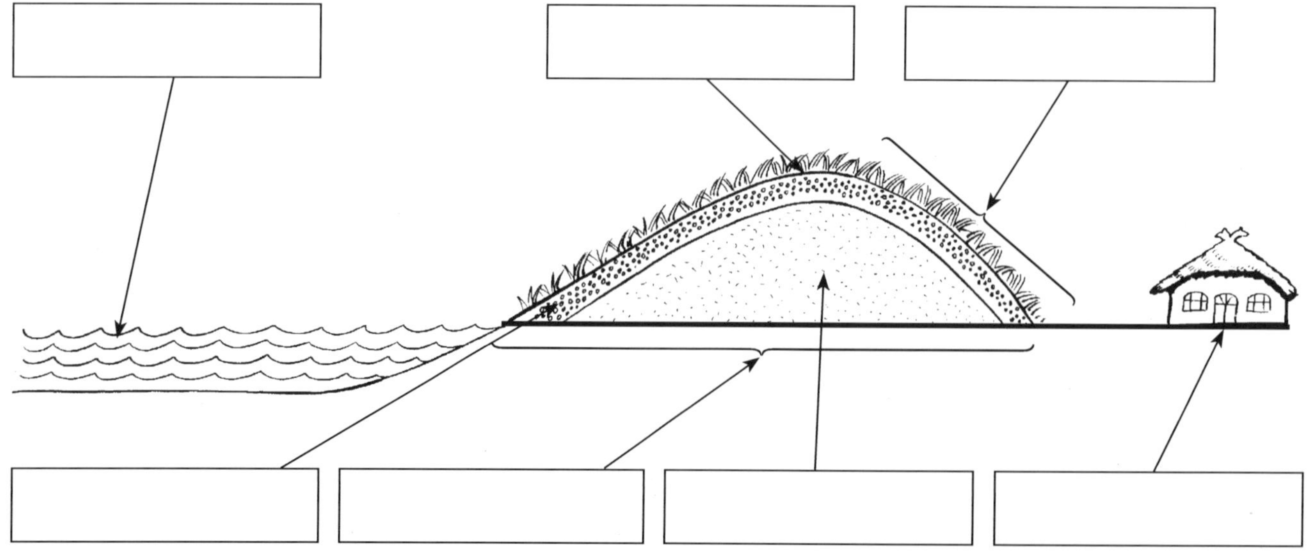

Arbeitsblatt

Deichbau

© Ivonne Wierink – Fotolia.com

Seit ca. 1 000 Jahren schützen sich die Menschen an der Nordsee gegen Sturmfluten. Sie bauen Deiche zwischen dem Meer und ihren Häusern (→ Haus). Der Deich ist innen aus Sand. Das nennt man **Sandkern**. Darüber kommt eine Schicht Boden, die **Kleischicht**. Auf dieser Schicht wächst Gras. Durch das Gras ist der Deich vor Wind und Wasser geschützt (→ schützen). Auf dem Gras weiden (= fressen/essen) Tiere, zum Beispiel Schafe. Die höchste (→ hoch) Stelle nennt man **Deichkrone**.

1. Schreibe die Wörter in die Kästchen: Deich, Deichkrone, Kleischicht, Meer, Haus, Gras, Sandkern.

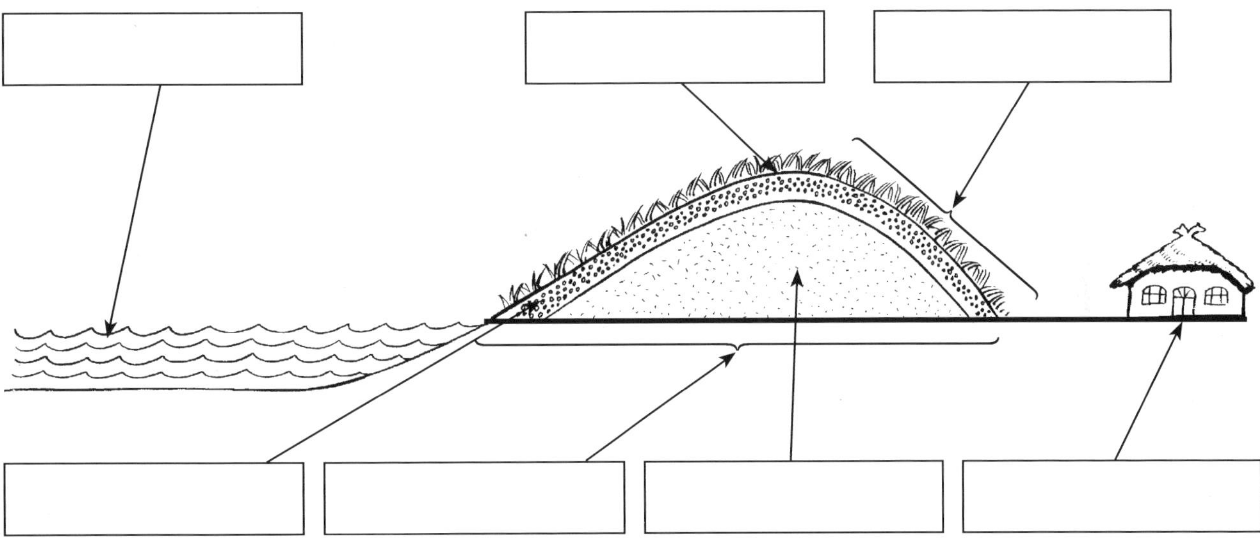

2. Wir bauen einen Deich: Schneide die Puzzleteile aus (→ ausschneiden) und ordne sie richtig. Klebe sie in dein Heft.

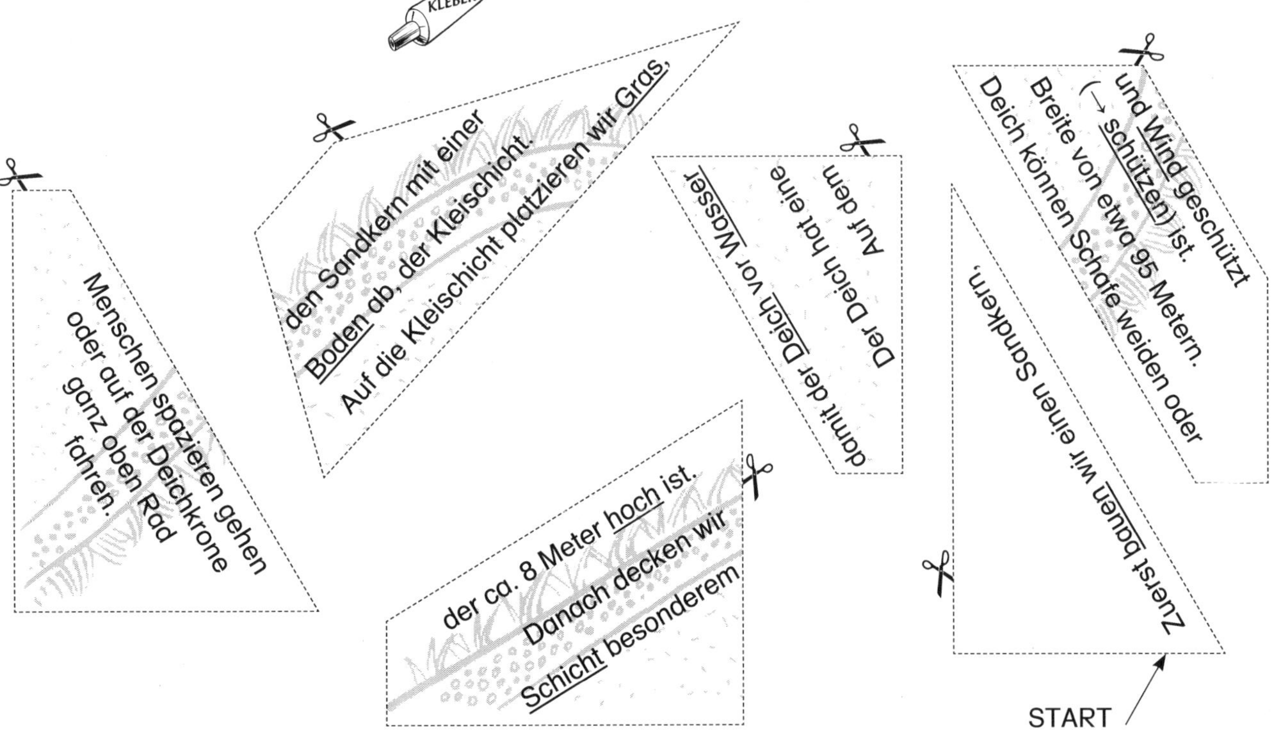

Deichbau

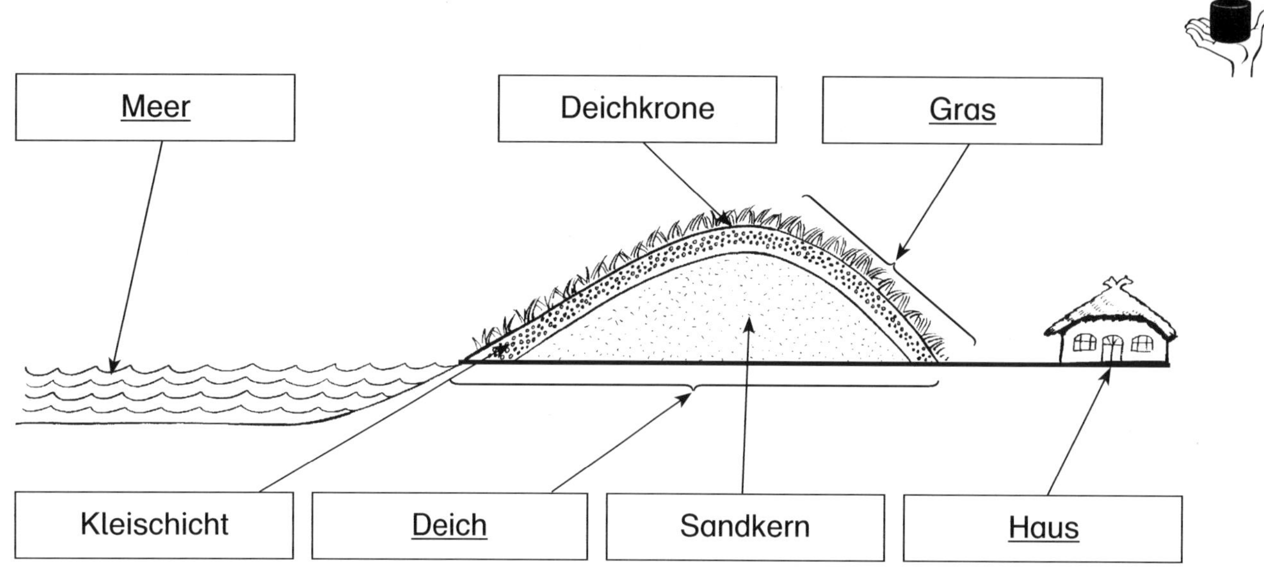
Meer
Deichkrone
Gras
Kleischicht
Deich
Sandkern
Haus

1.

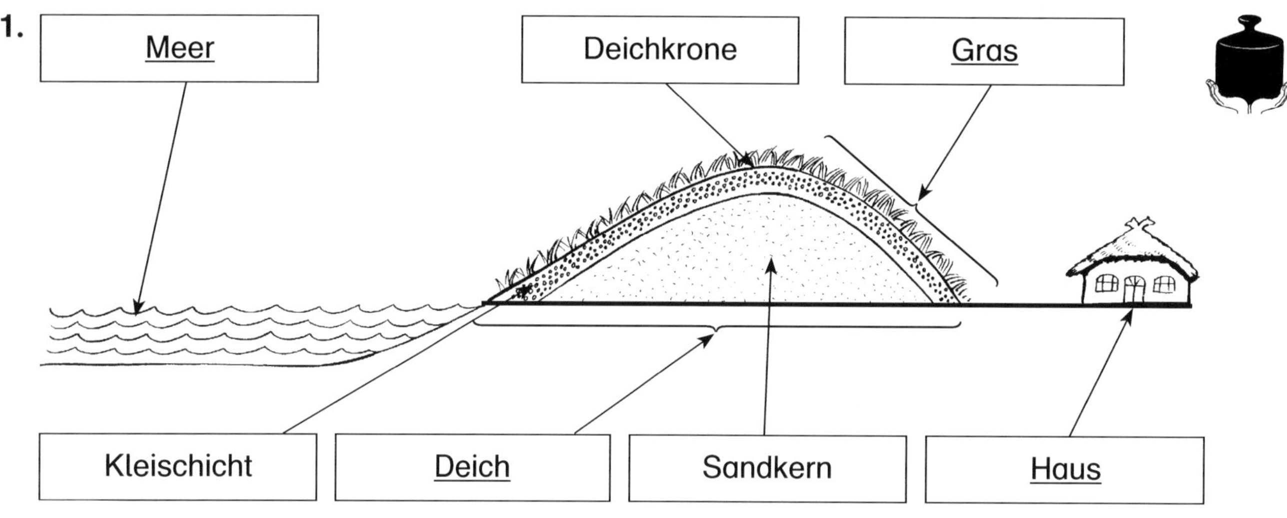
Meer
Deichkrone
Gras
Kleischicht
Deich
Sandkern
Haus

2.

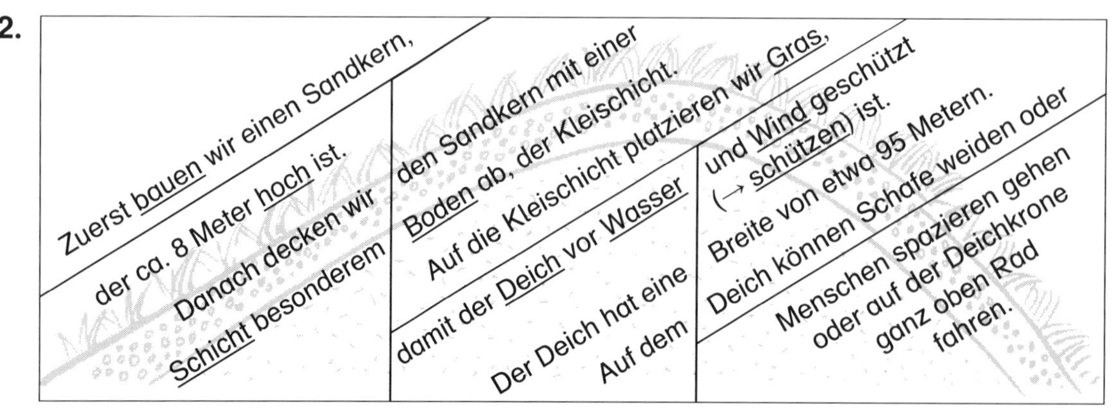
Zuerst bauen wir einen Sandkern,
der ca. 8 Meter hoch ist.
Danach decken wir
Schicht besonderem
den Sandkern mit einer
Boden ab, der Kleischicht.
Auf die Kleischicht platzieren wir Gras,
damit der Deich vor Wasser
Der Deich hat eine
Auf dem
und Wind geschützt
(→ schützen) ist.
Breite von etwa 95 Metern.
Deich können Schafe weiden oder
Menschen spazieren gehen
oder auf der Deichkrone
ganz oben Rad
fahren.

Aufgaben des Waldes

Aufgaben des Waldes		
(sich) erholen erhole dich! *to rest*		**die Erholung** – *the rest*

Aufgaben des Waldes		
filtern filtere! *to filter*		der Filter die Filter *the filter*

Aufgaben des Waldes		
		das Holz die Hölzer *the wood*

Aufgaben des Waldes		
		die Luft – *the air*

Aufgaben des Waldes		
		der Mischwald die Mischwälder *the mixed forest*

Aufgaben des Waldes		
nutzen nutze! *to benefit*	nützlich *useful*	der Nutzen die Nutzen *the benefit*

Aufgaben des Waldes		
speichern speichere! *to store*		der Speicher die Speicher *the storage*

Aufgaben des Waldes		
		die Umwelt – *the environment*

Aufgaben des Waldes

In den Mittelgebirgen von Deutschland gibt es viele Wälder.
Der Wald hat viele Aufgaben. Er speichert das Wasser und filtert die Luft. Dadurch nutzt er der Umwelt. In ihm leben viele Tiere und Pflanzen. Das nennt man **Lebensraum**.
Der Mensch kann sich dort erholen und nutzt das Holz der Bäume.

Ordne die Bilder und schreibe die Zahlen in die Kästchen.

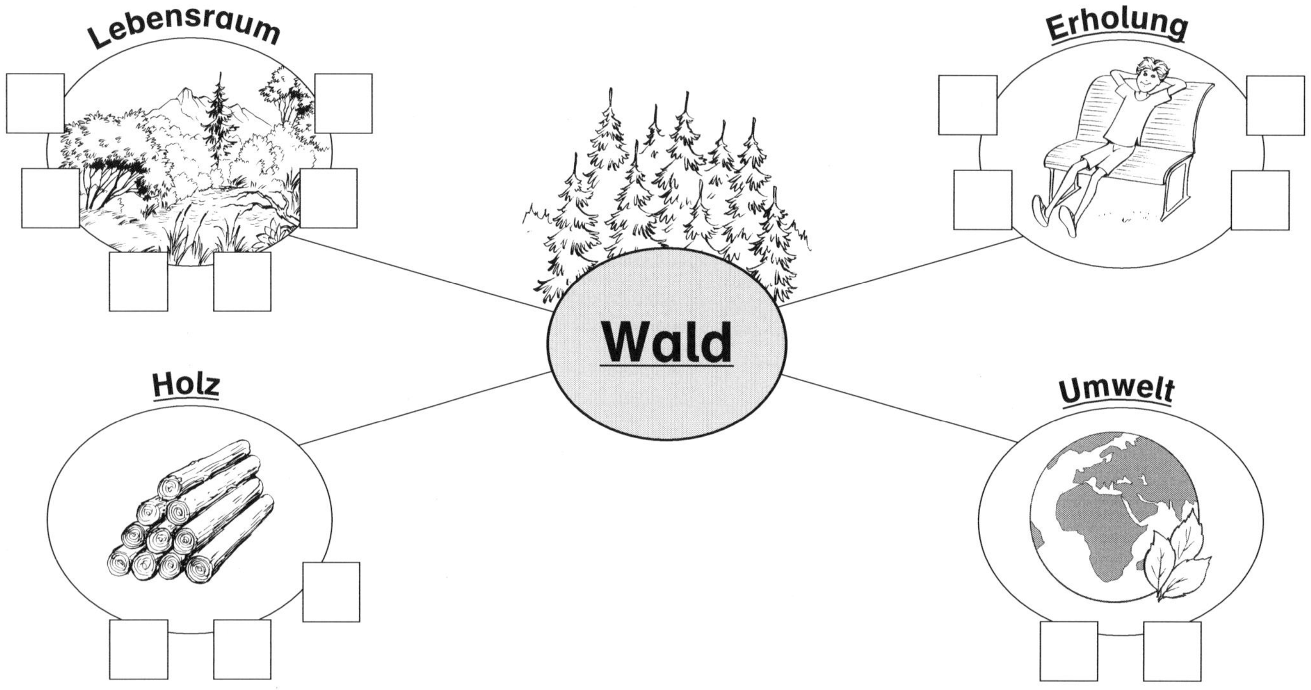

1	2	3	4	5
Eichhörnchen	Nadelbaum	Rad fahren	Stuhl	joggen
6	7	8	9	10
Wildschwein	Tisch	Reh	speichert Wasser	wandern
11	12	13	14	15
filtert Luft (CO_2 → O_2)	Strauch	Tür	spazieren gehen	Laubbaum

Aufgaben des Waldes

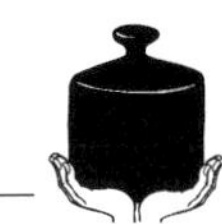

In den Mittelgebirgen von Deutschland gibt es viele Wälder. Das sind meistens Mischwälder. Der Wald hat viele Aufgaben:

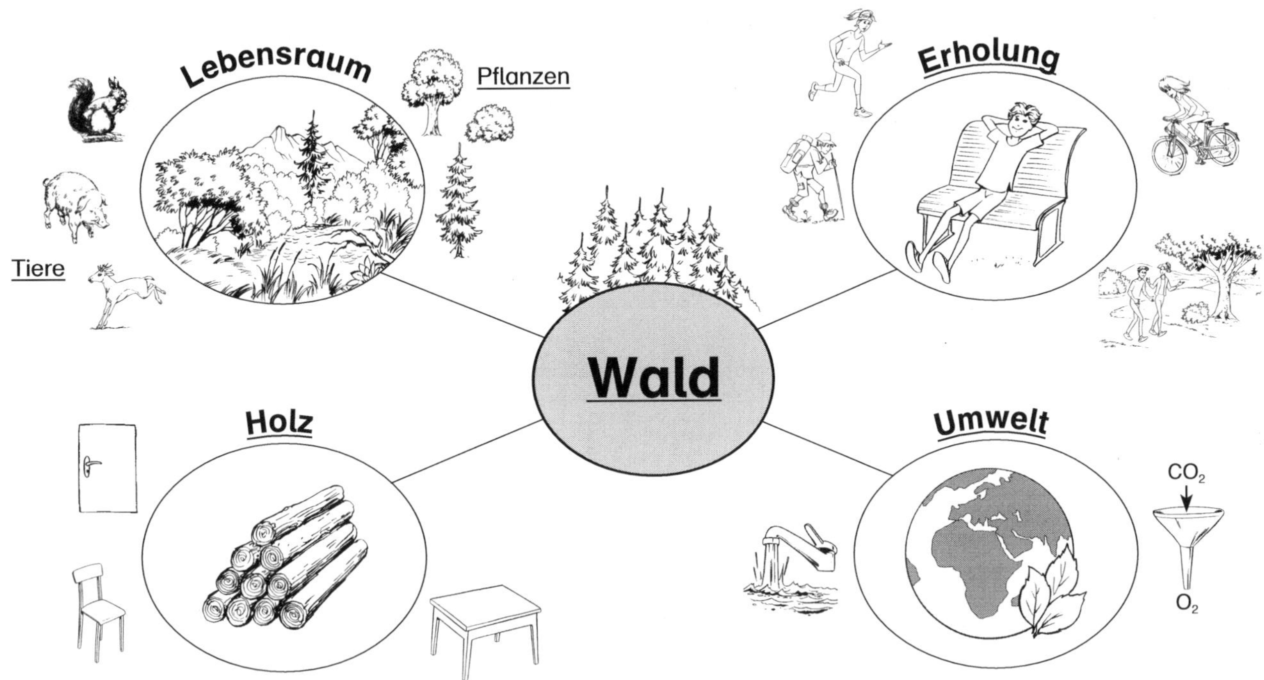

1. Schreibe die Wörter in die Kästchen.

Der [   ] hat viele Aufgaben. Er speichert das [   ] und filtert die Luft. Dadurch nutzt er der [   ]. In ihm leben viele [   ] und Pflanzen. Das nennt man **Lebensraum**. Der Mensch kann sich dort [   ] und nutzt das [   ] der Bäume.

2. Welche Wörter kennst du schon? Ordne den Bildern die Wörter zu (→ zuordnen).

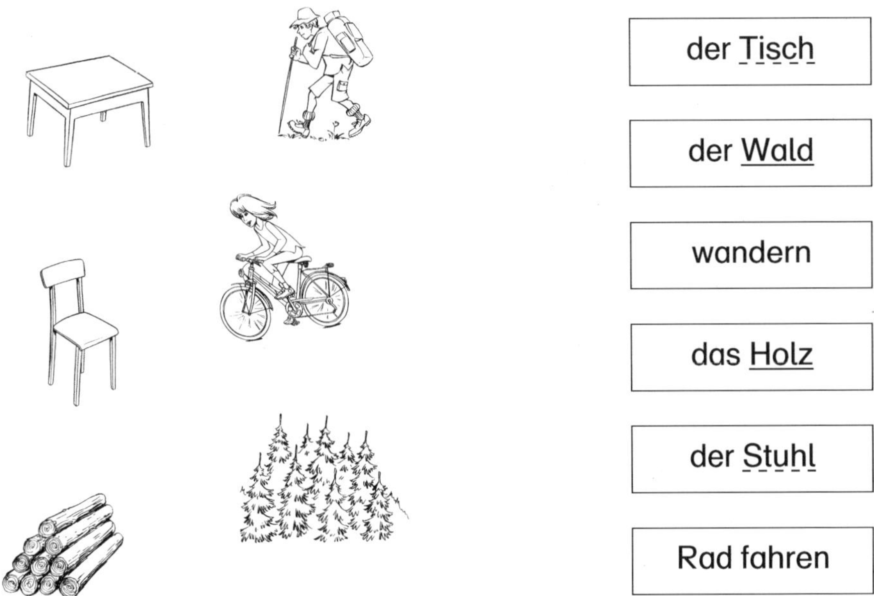

der Tisch
der Wald
wandern
das Holz
der Stuhl
Rad fahren

Aufgaben des Waldes

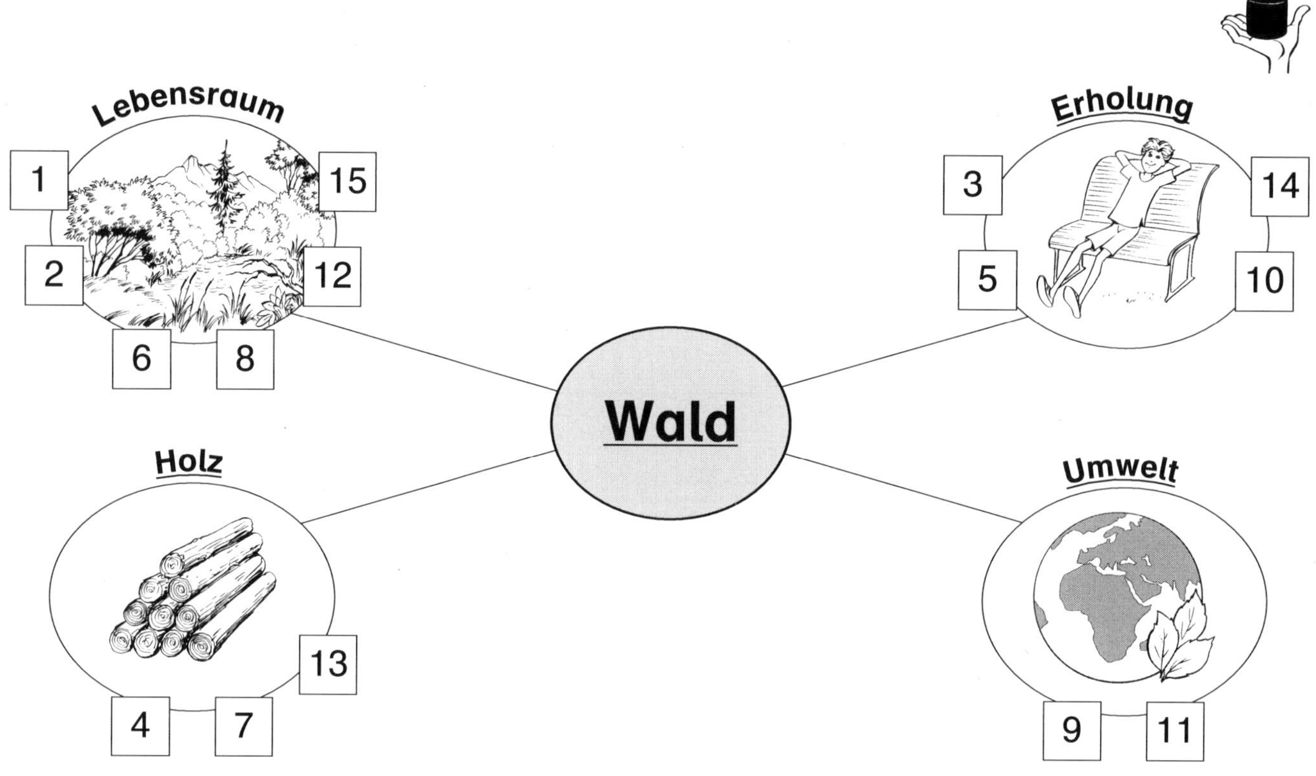

1. Der Wald hat viele Aufgaben. Er speichert das Wasser und filtert die Luft. Dadurch nutzt er der Umwelt. In ihm leben viele Tiere und Pflanzen. Das nennt man **Lebensraum**. Der Mensch kann sich dort erholen und nutzt das Holz der Bäume.

2.

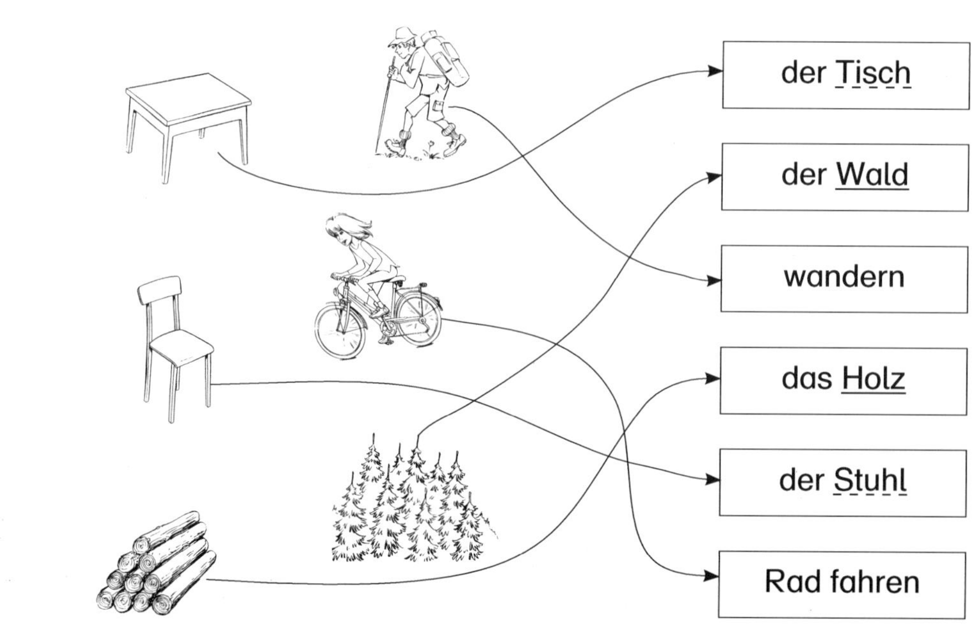

Profilzeichnen

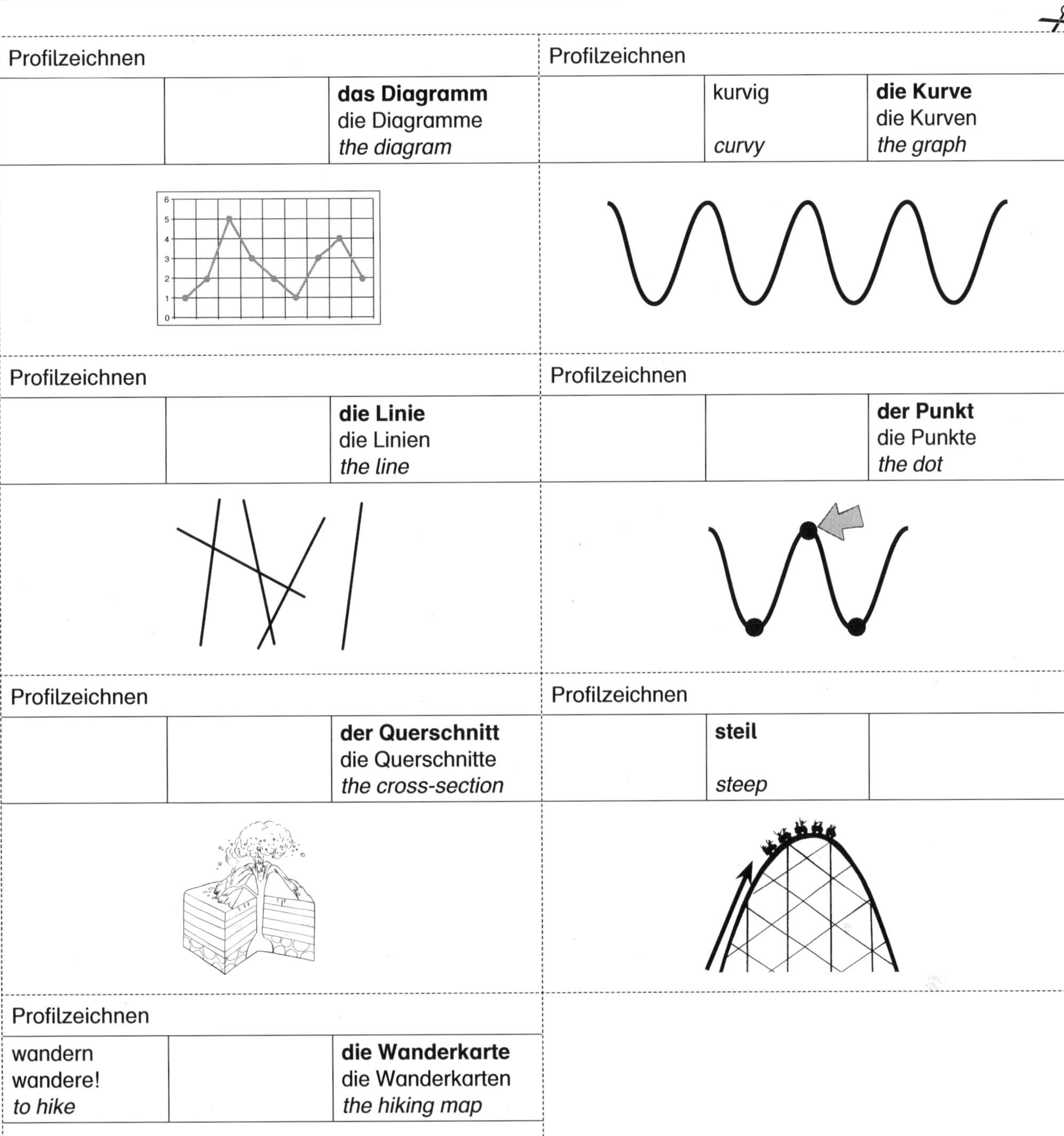

Profilzeichnen

		das Diagramm die Diagramme *the diagram*

Profilzeichnen

	kurvig *curvy*	**die Kurve** die Kurven *the graph*

Profilzeichnen

		die Linie die Linien *the line*

Profilzeichnen

		der Punkt die Punkte *the dot*

Profilzeichnen

		der Querschnitt die Querschnitte *the cross-section*

Profilzeichnen

	steil *steep*	

Profilzeichnen

wandern wandere! *to hike*		**die Wanderkarte** die Wanderkarten *the hiking map*

Profilzeichnen

In einer Wanderkarte kannst du sehen, wie steil ein Berg ist. Die Linien darauf heißen **Höhenlinien**.

1. Zeichne die Punkte der **Profillinie** in das Diagramm. Alle Punkte auf einer Linie sind auf der gleichen (=) Höhe. Verbinde die Punkte im Diagramm zu einer Kurve.

Höhenlinienbild

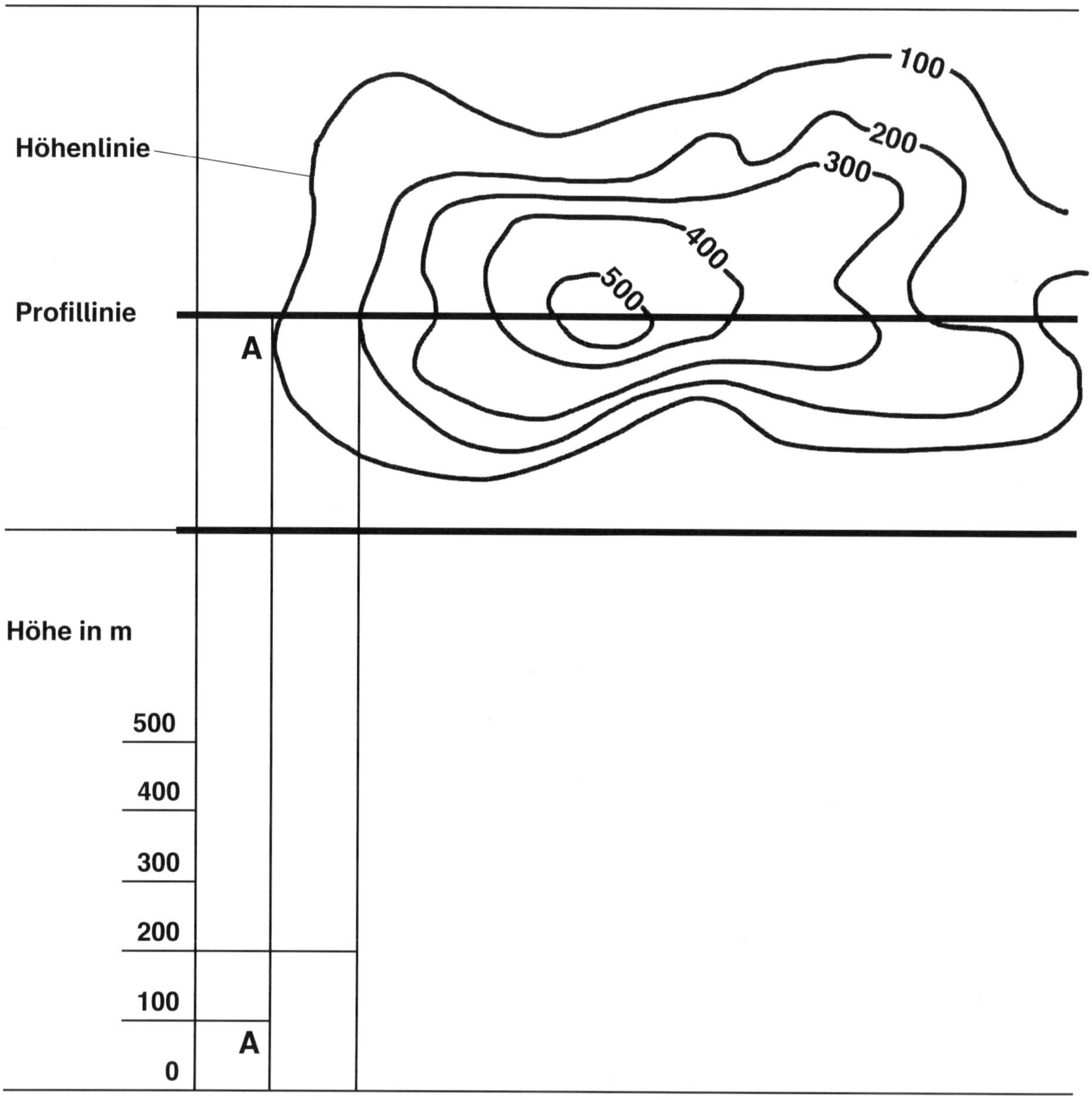

2. Male das **Höhenlinienbild** an (→ anmalen):

- 100 m – 200 m: dunkelgrün
- 200 m – 300 m: hellgrün
- 300 m – 400 m: gelb
- 400 m – 500 m: hellbraun
- ab 500 m: dunkelbraun

Profilzeichnen

In einer Wanderkarte kannst du sehen, wie steil ein Berg ist. Die Linien darauf heißen **Höhenlinien**.

1. Zeichne die Punkte der **Profillinie** in das Diagramm. Alle Punkte auf einer Linie sind auf der gleichen (=) Höhe. Verbinde die Punkte im Diagramm zu einer Kurve.

Höhenlinienbild

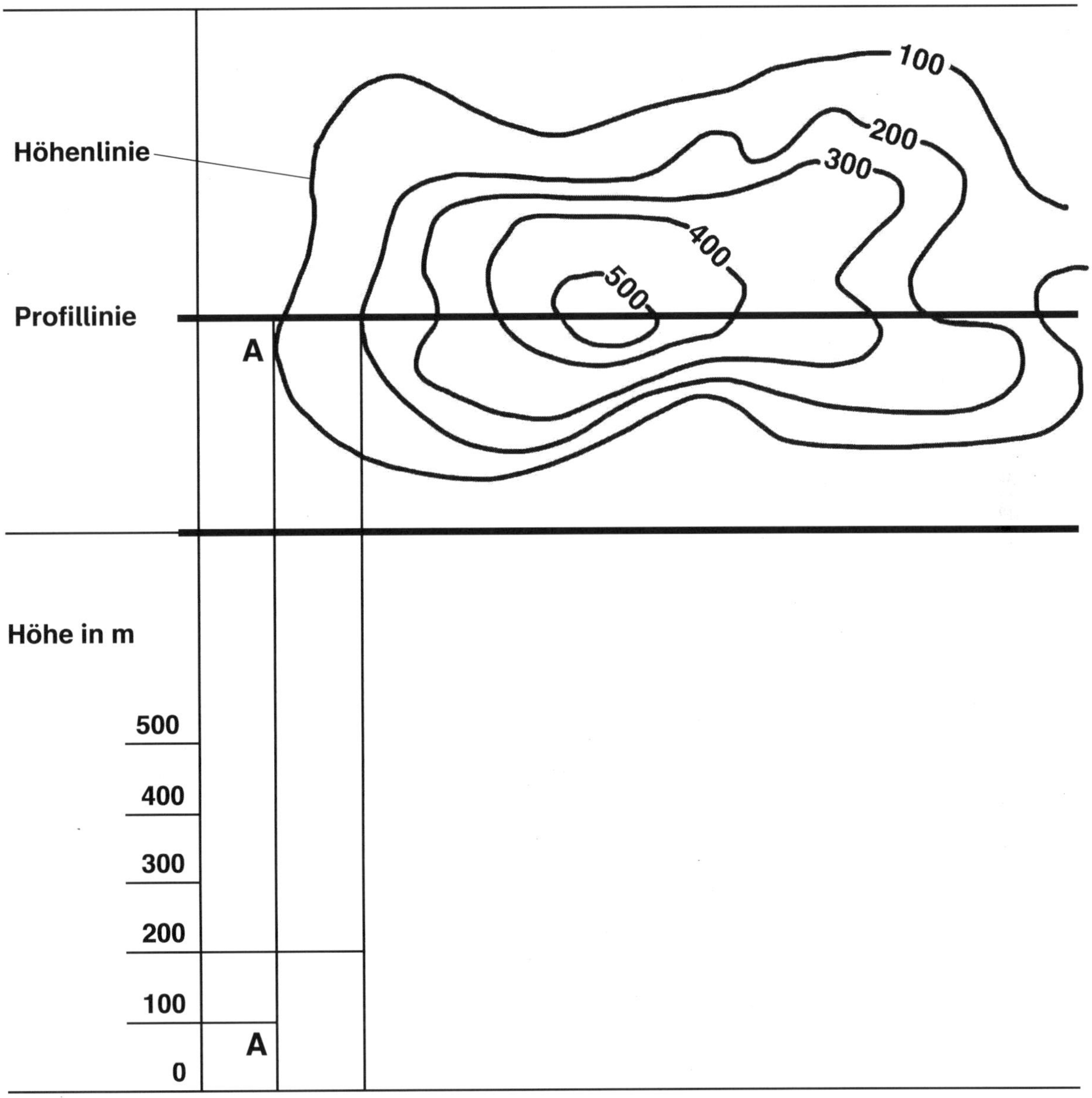

Höhenlinie
Profillinie
100
200
300
400
500
A
Höhe in m
500
400
300
200
100
0
A

2. Überlege, welcher Querschnitt zu welchem Berg passt. Schreibe die Buchstaben in die richtigen Kästchen.

a)
b)
c)

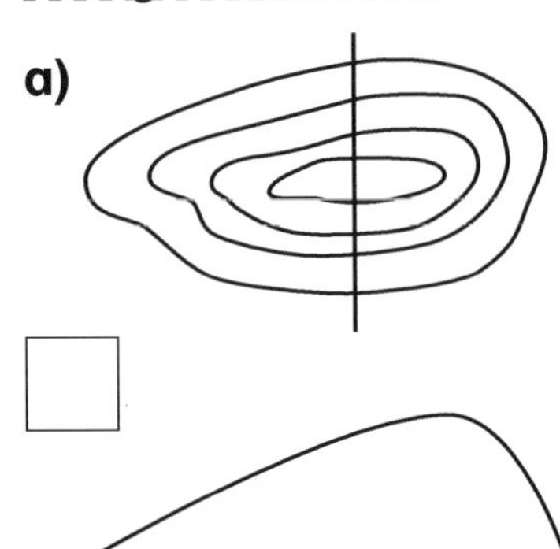

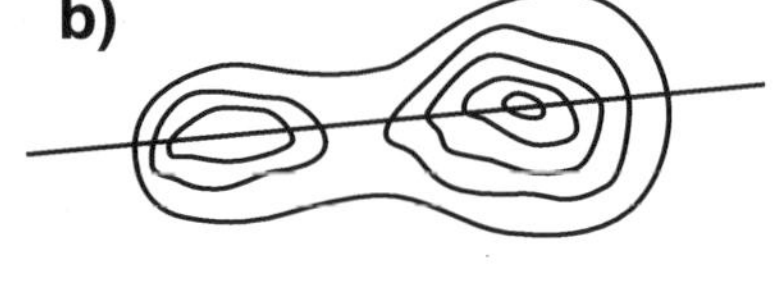

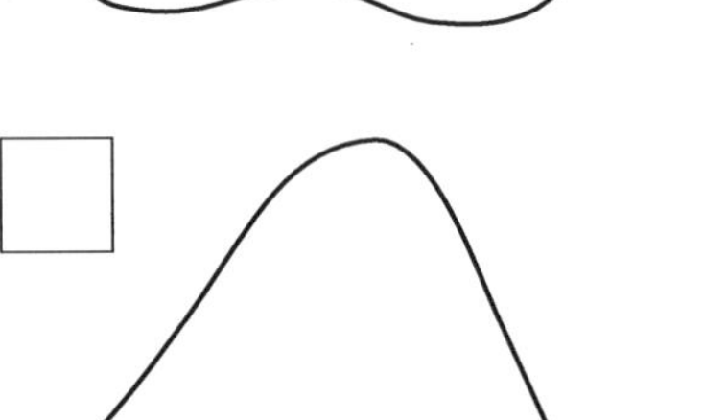

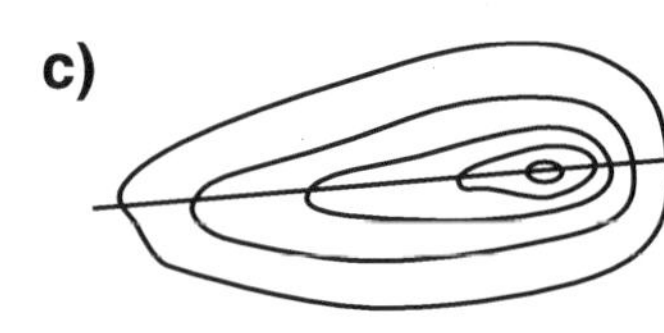

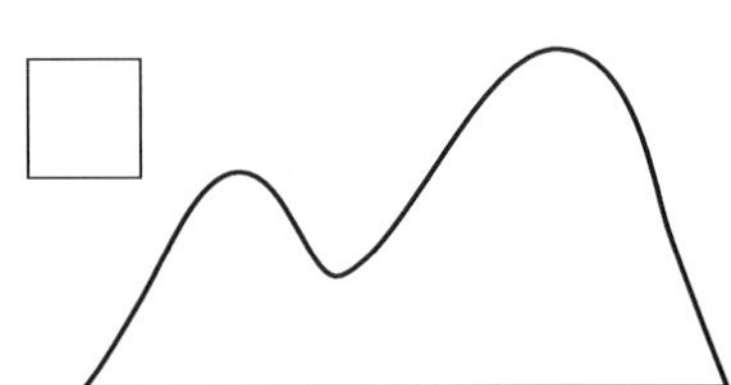

Profilzeichnen

1.

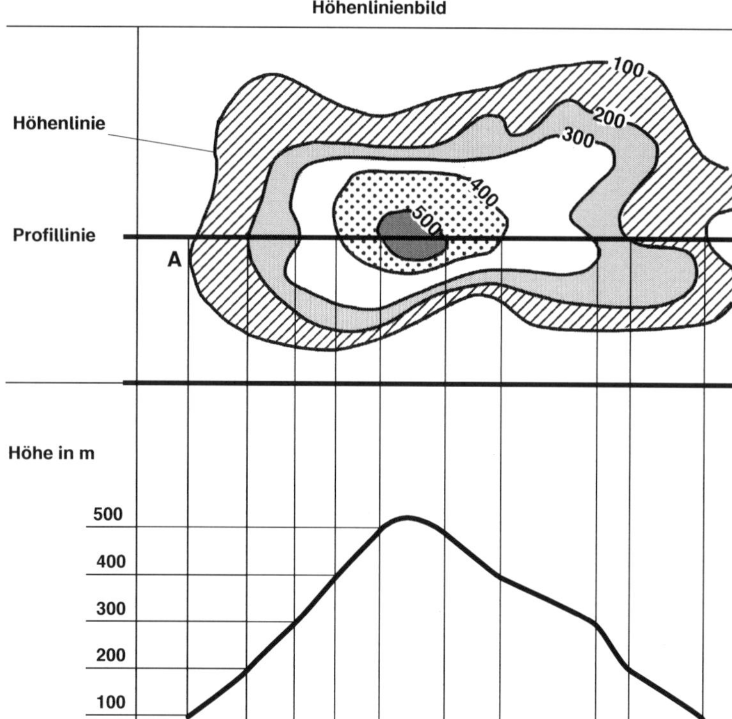

2.

- 100 m – 200 m: dunkelgrün 
- 200 m – 300 m: hellgrün 
- 300 m – 400 m: gelb 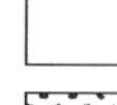
- 400 m – 500 m: hellbraun 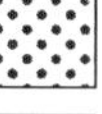
- ab 500 m: dunkelbraun

1.

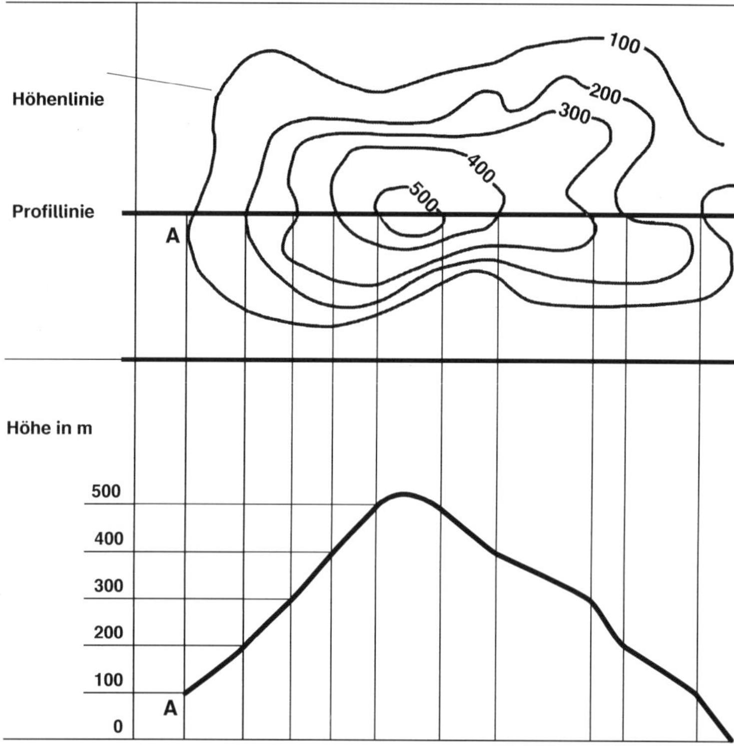

2. c

a

b

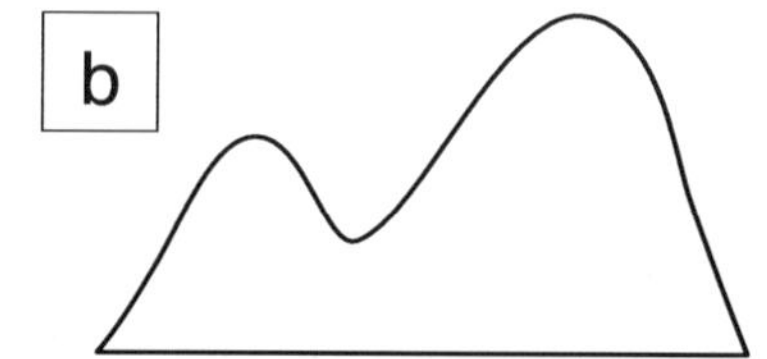

Höhenstufen

Höhenstufen		
	felsig *rocky*	**der Felsen** die Felsen *the rock*

Höhenstufen		
	gebirgig *mountainous*	**das Gebirge** die Gebirge *the mountain chain*

Höhenstufen		
		die Höhenstufe die Höhenstufen *the altitudinal belt*

Höhenstufen		
		die Skala die Skalen *the scale*

Höhenstufen		
		die Stufe die Stufen *the step*

Höhenstufen		
wachsen – *to grow*		das Wachsen – the growth

Höhenstufen		
		die Weide die Weiden *the meadow*

Höhenstufen

Im Süden Deutschlands ist ein hohes (→ hoch) Gebirge: die Alpen.
In den Gebirgen wird es in der Höhe kälter (→ kalt).

- 0 m – 750 m: Äpfel und **Wein** → Das ist die Obst- und Rebenstufe.
- 750 m – 1 500 m: **Laubbäume** und **Nadelbäume** → Das ist die Mischwaldstufe.
- 1 500 m – 2 000 m: **Nadelbäume** → Das ist die Nadelwaldstufe.
- 2 000 m – 3 000 m: **Gras** → Das ist die Mattenstufe.
- 3000 m: Felsen und **Schnee** → Das ist die Schnee- und Felsstufe.

1. Schreibe die Höhenstufen in die Kästchen.

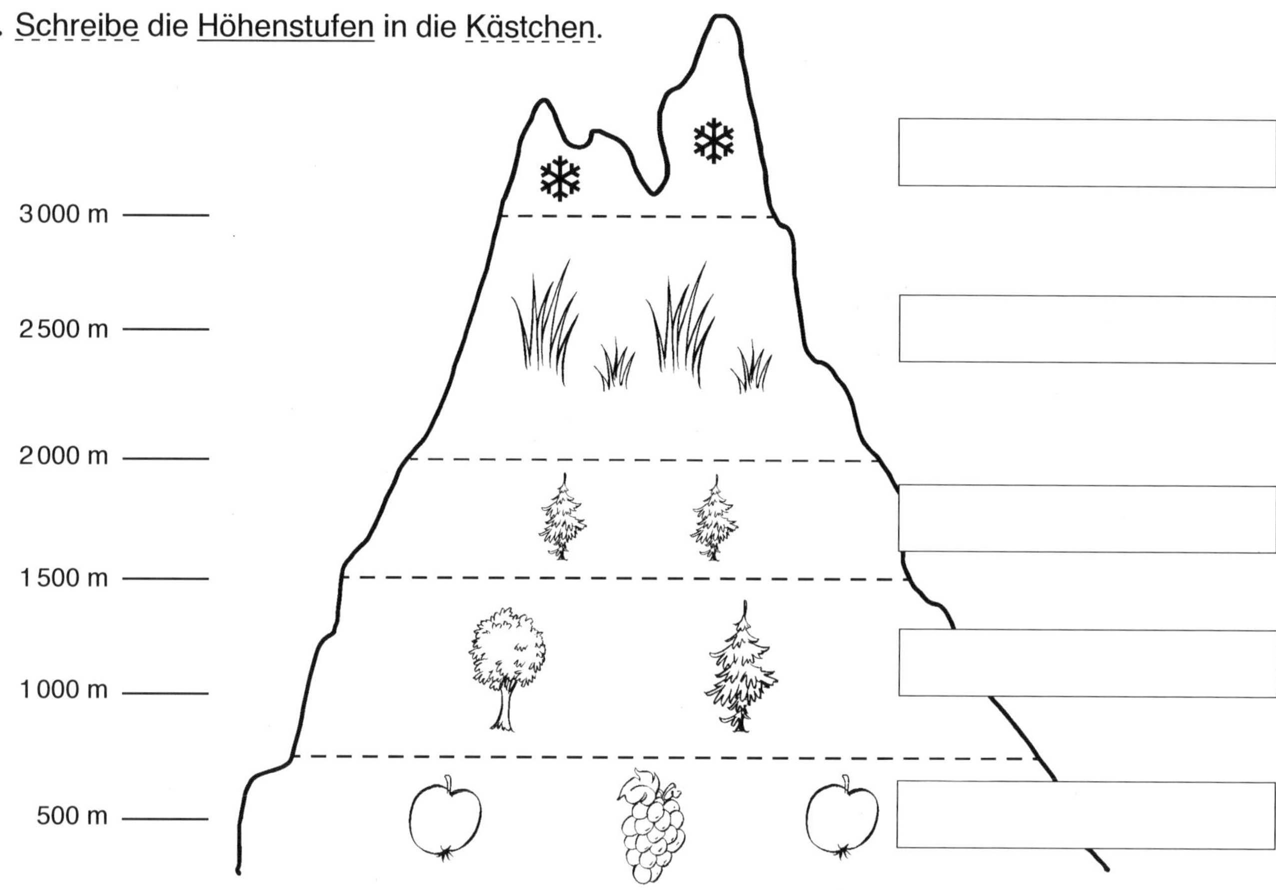

2. Kreuze an (→ ankreuzen), wo die Pflanzen sind.

	Apfelbaum	Trauben	Nadelbaum	Laubbaum	Gras
Obst- und Rebenstufe					
Mischwaldstufe					
Nadelwaldstufe					
Mattenstufe					

Höhenstufen

Im Süden Deutschlands ist ein hohes (→ hoch) Gebirge: die Alpen.
In den Gebirgen wird es in der Höhe kälter (→ kalt) und es gibt mehr Niederschlag.

Im Tal bis 750 m gibt es Äpfel und **Wein**. → Das ist die Obst- und Rebenstufe.

Von 750 m bis 1 500 m gibt es **Laubbäume** und **Nadelbäume**. → Das ist die Mischwaldstufe.

Von 1 500 m bis 2 000 m gibt es **Nadelbäume**. → Das ist die Nadelwaldstufe.

Von 2 000 m bis 3 000 m gibt es Weiden mit **Gras**. → Das ist die Mattenstufe.

Ab 3 000 m gibt es keine Pflanzen, nur noch Felsen und **Schnee**. → Das ist die Schnee- und Felsstufe.

1. a) Zeichne die Pflanzen in das Gebirge.
b) Schreibe die Höhe der Stufen in die Skala links.
c) Schreibe die Höhenstufen in die Kästchen rechts.

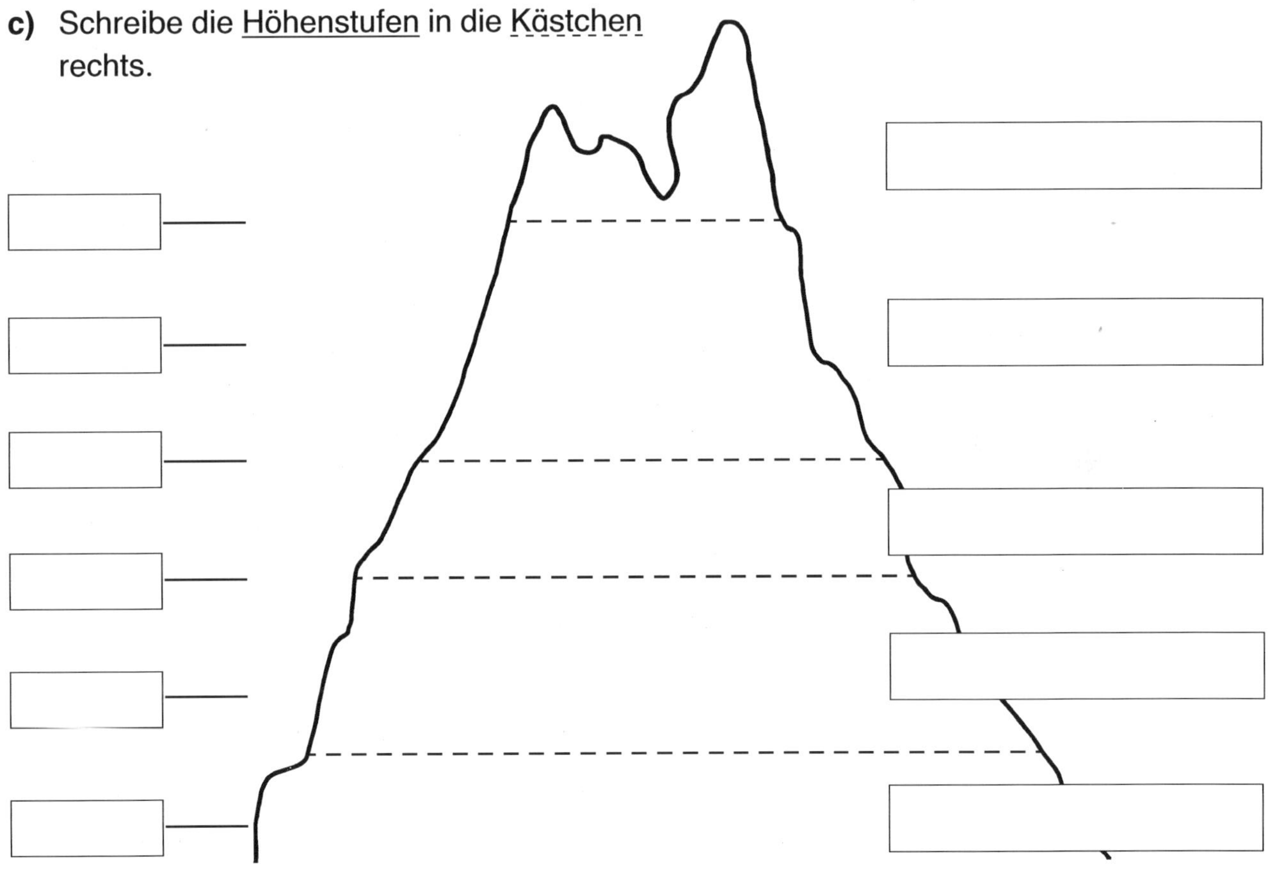

2. Ordne zu (→ zuordnen).

In der Obst- und Rebenstufe wachsen ...	... 1 500 m bis 2000 m.
In der Mattenstufe gibt es ...	... keine Pflanzen mehr.
Laubbäume und Nadelbäume gibt es von ...	... 750 m bis 1 500 m.
Ab einer Höhe von 3 000 m gibt es ...	... Äpfel und Wein.
Nadelbäume wachsen in einer Höhe von ...	... Gras.

Höhenstufen

1.

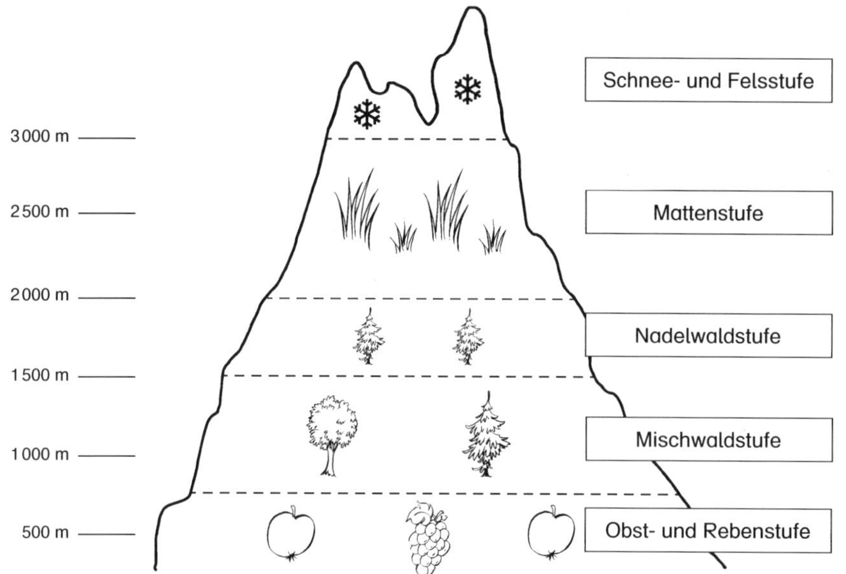

2.

	Apfelbaum	Trauben	Nadelbaum	Laubbaum	Gras
Obst- und Rebenstufe	✗	✗			
Mischwaldstufe			✗	✗	
Nadelwaldstufe			✗		
Mattenstufe					✗

1.

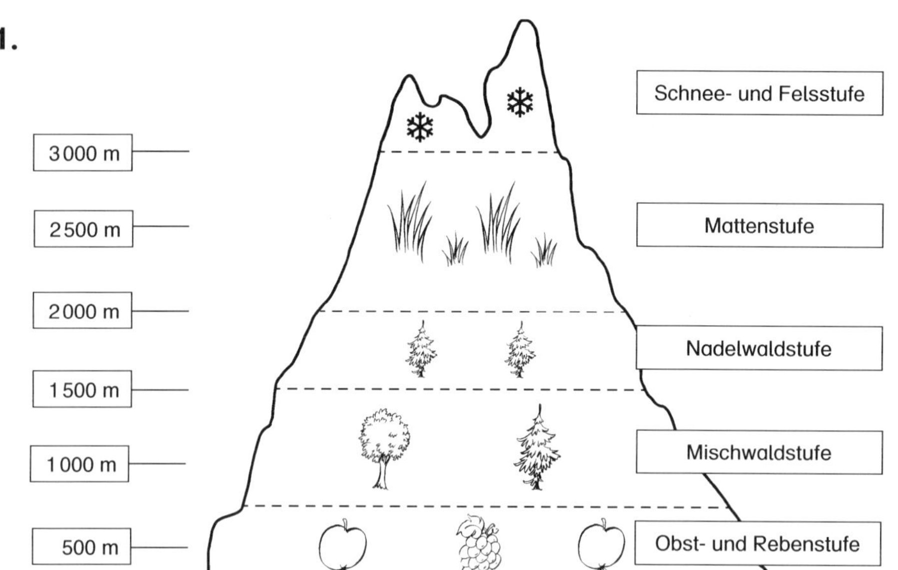

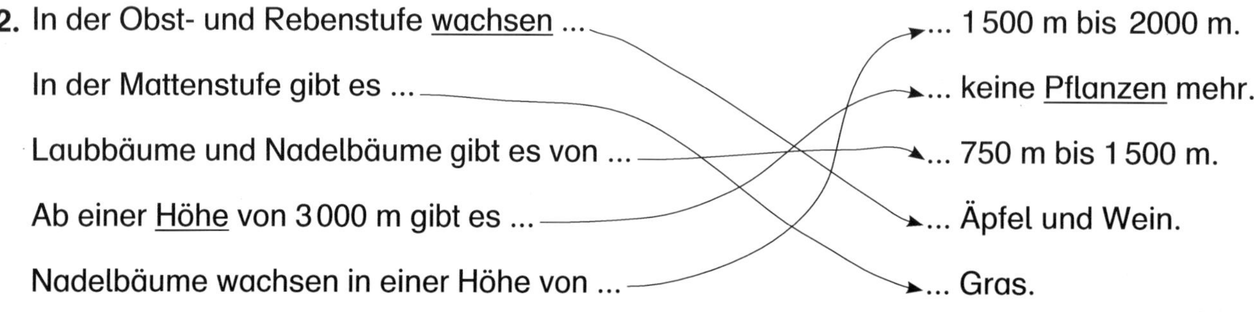

2. In der Obst- und Rebenstufe wachsen ... | ... 1500 m bis 2000 m.
In der Mattenstufe gibt es ... | ... keine Pflanzen mehr.
Laubbäume und Nadelbäume gibt es von ... | ... 750 m bis 1500 m.
Ab einer Höhe von 3000 m gibt es ... | ... Äpfel und Wein.
Nadelbäume wachsen in einer Höhe von ... | ... Gras.

Verkehrswege

Verkehrswege		
		das Auto die Autos *the car*

Verkehrswege		
fahren fahre! *to drive*		**die Fahrt** die Fahrten *the trip*

Verkehrswege		
		das Hindernis die Hindernisse *the barrier*

Verkehrswege		
		der Pass die Pässe *the pass*

Verkehrswege		
		der Punkt die Punkte *the spot*

Verkehrswege		
		die Richtung die Richtungen *the direction*

Verkehrswege		
	steil *steep*	

Verkehrswege		
		der Tunnel die Tunnel *the tunnel*

Verkehrswege		
		der Zug die Züge *the train*

Verkehrswege		
		der Übergang die Übergänge *the passage*

Verkehrswege

Die Alpen sind für viele Verkehrsmittel ein Hindernis in Richtung Süden.
Autos fahren über den tiefsten (→ tief) Punkt am Übergang zwischen 2 Tälern (→ Tal).
Dieser Punkt ist ein Pass. Für Züge ist es schwer, den Berg hochzufahren (→ hoch, fahren). Die Berge sind steil. Deshalb gibt es Tunnel.

1. Markiere die Pässe mit einem Kreuz (✗), Tunnel mit einem Stern (★).

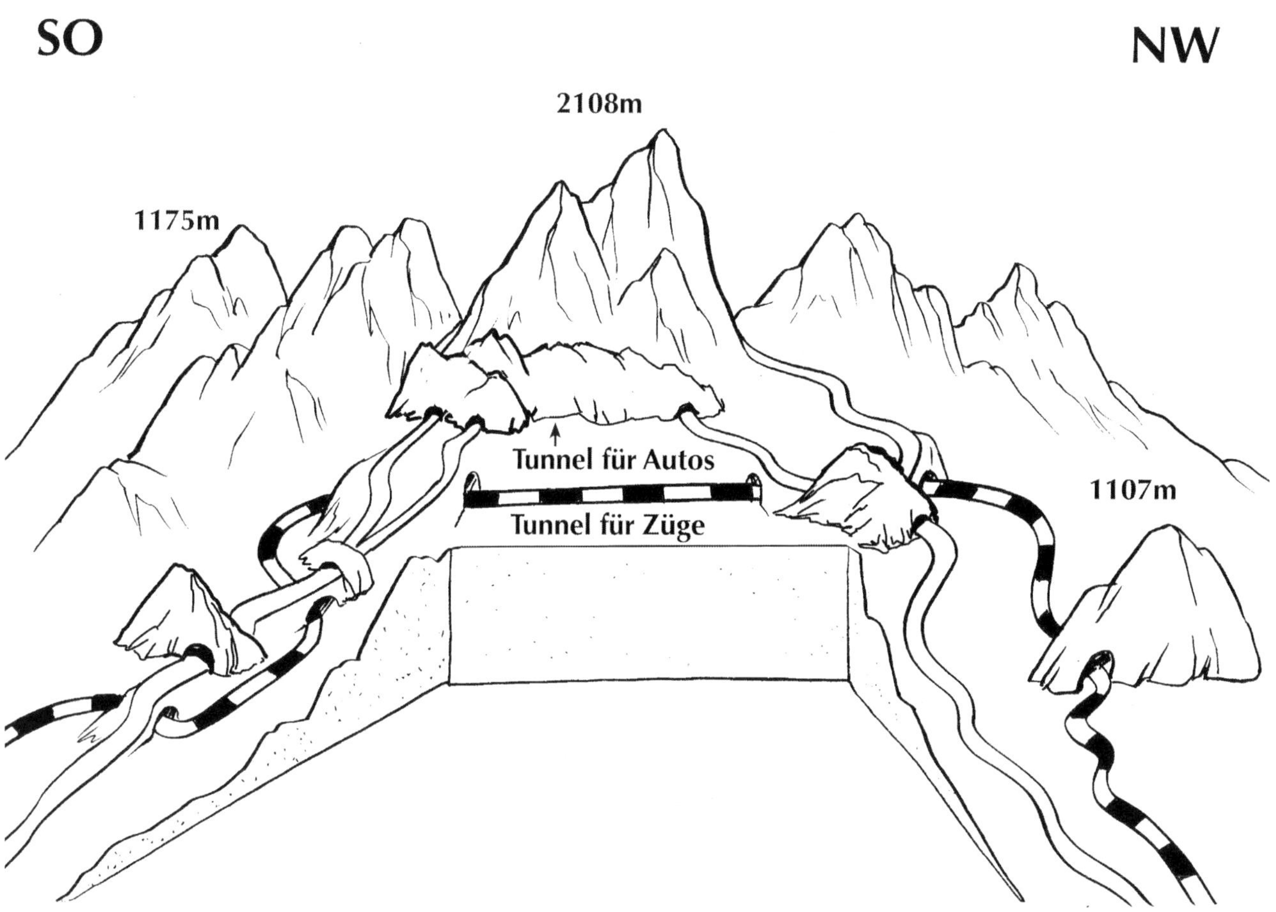

SO

NW

2108m

1175m

Tunnel für Autos

Tunnel für Züge

1107m

2. Schreibe die Wörter in die Lücken: Alpen, Autos, Berge, Pässe, Punkt, Süden, Züge.

Die ______________________ sind für Verkehrsmittel ein Hindernis in Richtung

______________________. Damit ______________________ und Züge leichter (→ leicht)

über die ______________________ kommen, gibt es Tunnel.

Für ______________________ sind die Berge zu steil. Autos können auch über die

______________________ fahren. Ein Pass ist der tiefste (→ tief)

______________________ am Übergang zwischen 2 Tälern (→ Tal).

Die Alpen sind für viele Verkehrsmittel ein Hindernis in Richtung Süden.
Autos fahren über den tiefsten (→ tief) Punkt am Übergang zwischen zwei Tälern (→ Tal).
Dieser Übergang ist ein Pass. Für Züge ist es schwer, den Berg hochzufahren (→ hoch, fahren). Die Berge sind steil. Deshalb gibt es Tunnel.

Löse das Kreuzworträtsel. Das Lösungswort nennt ein weiteres Verkehrsmittel.

1. Wie heißt der tiefste (→ tief) Punkt am Übergang zwischen zwei Tälern (→ Tal), über den die Autos fahren?
2. Wodurch kommt man leichter (→ leicht) über die Alpen?
3. Welche Verkehrsmittel fahren über Pässe?
4. Die Berge der Alpen sind ...
5. Ein Pass ist der tiefste ... am Übergang zwischen zwei Tälern.
6. Die Alpen sind für Autos und Züge ein ...
7. Wie heißen die hohen (→ hoch) Berge im Süden Deutschlands?
8. Welches Verkehrsmittel fährt durch den Tunnel?

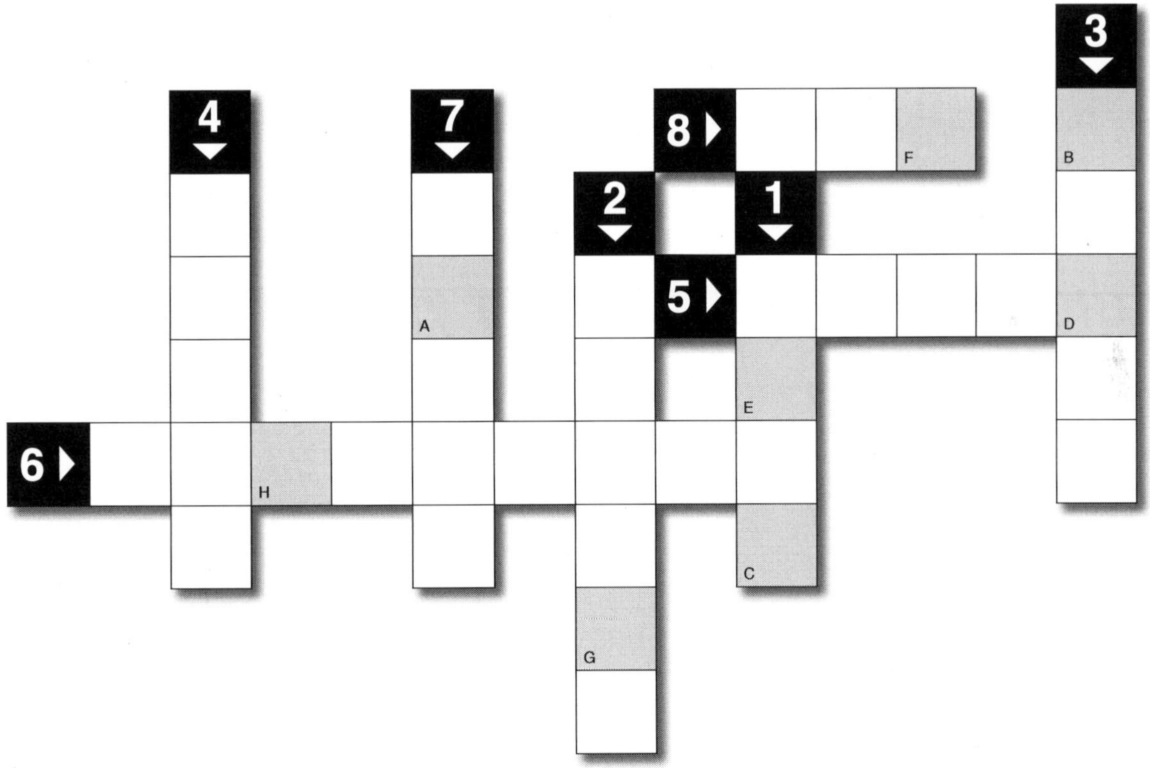

Lösungswort: 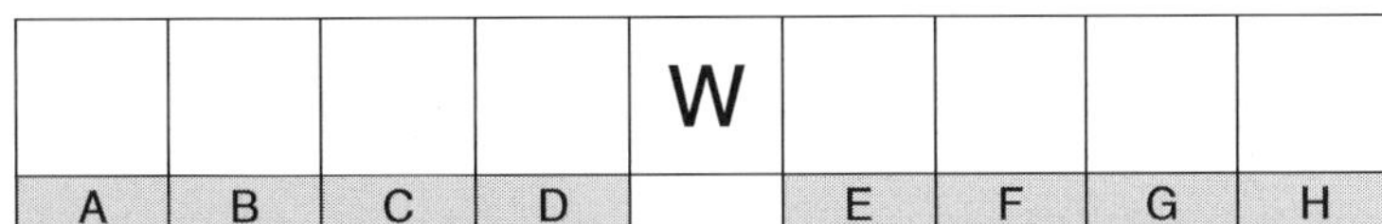

1.

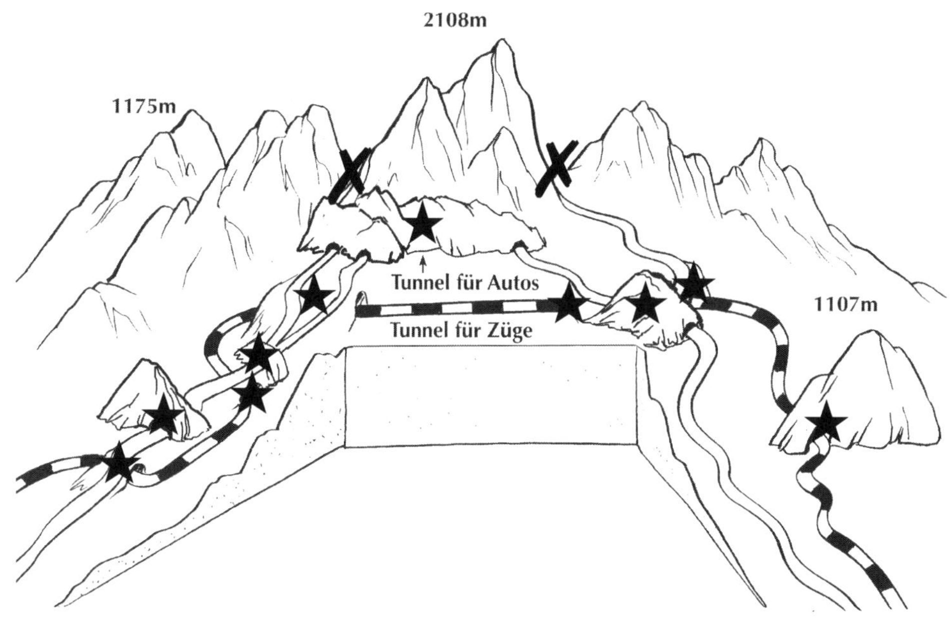

2. Die **Alpen** sind für Verkehrsmittel ein Hindernis in Richtung **Süden**. Damit **Autos** und Züge leichter (→ leicht) über die **Berge** kommen, gibt es Tunnel.
Für **Züge** sind die Berge zu steil. Autos können auch über die **Pässe** fahren. Ein Pass ist der tiefste (→ tief) **Punkt** am Übergang zwischen 2 Tälern (→ Tal).

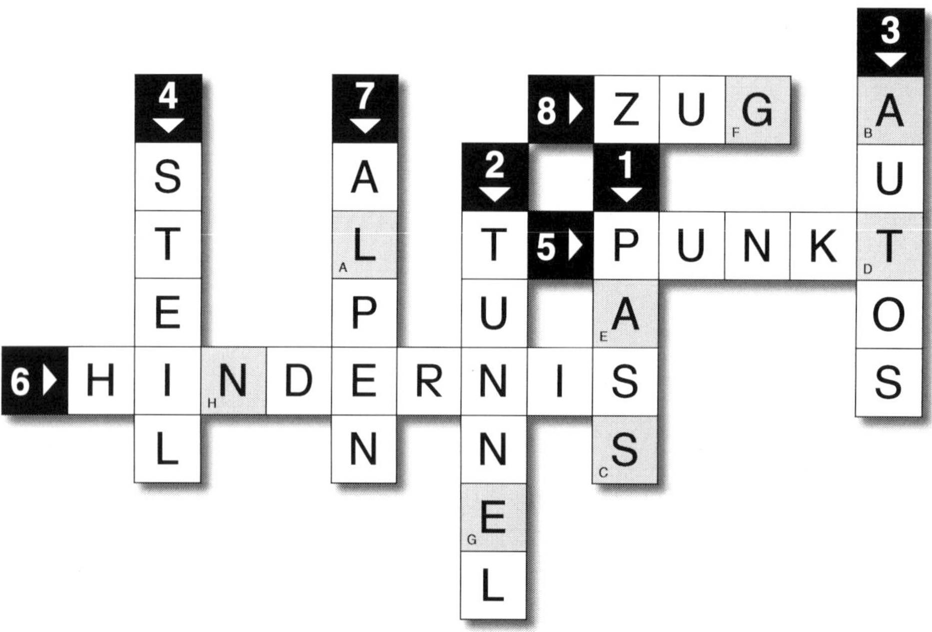

Lösungswort:

L	A	S	T	W	A	G	E	N
A	B	C	D		E	F	G	H

Europa im Überblick

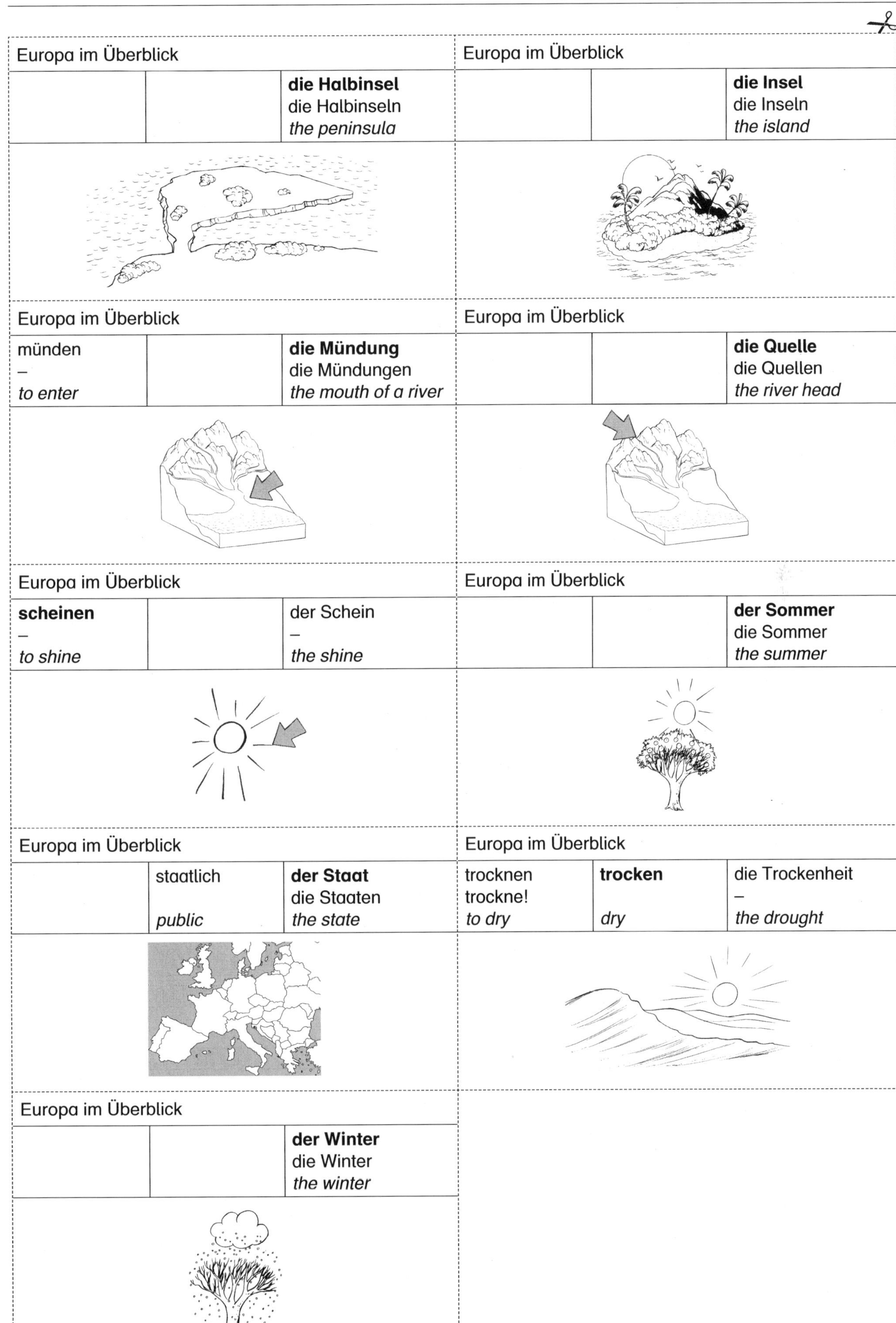

Europa im Überblick

		die Halbinsel die Halbinseln *the peninsula*

Europa im Überblick

		die Insel die Inseln *the island*

Europa im Überblick

münden – *to enter*		**die Mündung** die Mündungen *the mouth of a river*

Europa im Überblick

		die Quelle die Quellen *the river head*

Europa im Überblick

scheinen – *to shine*		der Schein – *the shine*

Europa im Überblick

		der Sommer die Sommer *the summer*

Europa im Überblick

	staatlich *public*	**der Staat** die Staaten *the state*

Europa im Überblick

trocknen trockne! *to dry*	**trocken** *dry*	die Trockenheit – *the drought*

Europa im Überblick

		der Winter die Winter *the winter*

Europa ist ein Kontinent. Im Süden ist es im Sommer heiß und trocken. Im Norden ist es oft kälter (→ kalt) als in Deutschland. Im Osten liegen viele Länder neben Russland. Im Westen sind große Staaten, z. B. Spanien und Frankreich.

1. Male Deutschland rot an (→ anmalen).

© kartoxjm – Fotolia.com

2. Suche im Atlas 3 Länder südlich, westlich, nördlich und östlich von Deutschland.

südlich: 1. ______ 2. ______ 3. ______

westlich: 1. ______ 2. ______ 3. ______

nördlich: 1. ______ 2. ______ 3. ______

östlich: 1. ______ 2. ______ 3. ______

Europa im Überblick

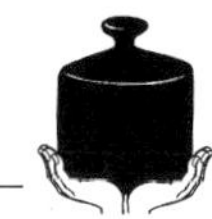

Europa ist ein Kontinent. 2/3 davon ist Festland, 1/3 sind Inseln und Halbinseln. Es gibt hohe (→ hoch) Berge, tiefe Täler und große Flüsse. Im Süden ist es im Sommer heiß und trocken. Im Norden ist es oft kälter (→ kalt) als in Deutschland. Im Sommer scheint dort die Sonne auch in der Nacht. Das heißt **Mitternachtssonne**. Im Winter gibt es die **Polarnacht**. Die Sonne scheint Tage oder Wochen nicht. Im Osten liegen viele Länder neben Russland. Im Westen sind große Staaten, z.B. Spanien und Frankreich.

1. Suche im Atlas die Länder, die neben Deutschland liegen. Schreibe sie in die Kästchen.

2. Die **Donau** ist ein Fluss in Europa, der durch zehn Länder fließt und 2850 km lang ist. Ordne die Staaten an der Donau von der Quelle bis zur Mündung. Sieh (→ sehen) dazu im Atlas nach.

Bulgarien – Deutschland – Kroatien – Moldawien – Österreich – Rumänien – Serbien – Slowakei – Ukraine – Ungarn

(Quelle) ____

____ (Mündung)

3. Suche im Atlas und schreibe in die Tabelle, welche Städte und Flüsse in welchem Land liegen.

Stadt	Land	Fluss
München		
	Österreich	
		Po
	Spanien	
London		
		Seine

Europa im Überblick

1.

2. Beispiele:
südlich: Griechenland, Malta, Italien, Spanien, Bulgarien, Österreich, Schweiz
westlich: Großbritannien, Irland, Belgien, Frankreich
nördlich: Island, Norwegen, Schweden, Finnland
östlich: Ukraine, Weißrussland, Polen, Tschechien, Ungarn

1.

Dänemark	Polen	Tschechien
Österreich	Schweiz	Luxemburg
Frankreich	Niederlande	Belgien

2. (Quelle) Deutschland – Österreich – Slowakei – Ungarn – Kroatien – Serbien – Rumänien – Bulgarien – Moldawien – Ukraine (Mündung)

3. Beispiel:

Stadt	Land	Fluss
München	Deutschland	Isar
Wien	Österreich	Donau
Torino (Turin)	Italien	Po
Saragossa	Spanien	Ebro
London	Großbritannien	Themse
Paris	Frankreich	Seine

Europa deckt den Tisch

Europa deckt den Tisch		
		der Apfel die Äpfel *the apple*

Europa deckt den Tisch		
		der Blumenkohl die Blumenkohle *the cauliflower*

Europa deckt den Tisch		
		das Brot die Brote *the bread*

Europa deckt den Tisch		
		das Getreide die Getreide *the grain*

Europa deckt den Tisch		
		die Kartoffel die Kartoffeln *the potatoe*

Europa deckt den Tisch		
		die Kiwi die Kiwis *the kiwi*

Europa deckt den Tisch		
		die Paprika die Paprikas *the pepper*

Europa deckt den Tisch		
		der Pfirsich die Pfirsiche *the peach*

Europa deckt den Tisch		
		die Tomate die Tomaten *the tomato*

Europa deckt den Tisch		
wachsen – *to grow*		das Wachsen – *the growth*

Europa deckt den Tisch

1. Woher kommt das Essen? Schreibe den Buchstaben zum richtigen Land in der Karte. Benutze dazu den Atlas (Landwirtschaft Europas).

a) Pfirsich **b)** Kartoffeln **c)** Blumenkohl **d)** Paprika
e) Tomaten **f)** Kiwi **g)** Äpfel

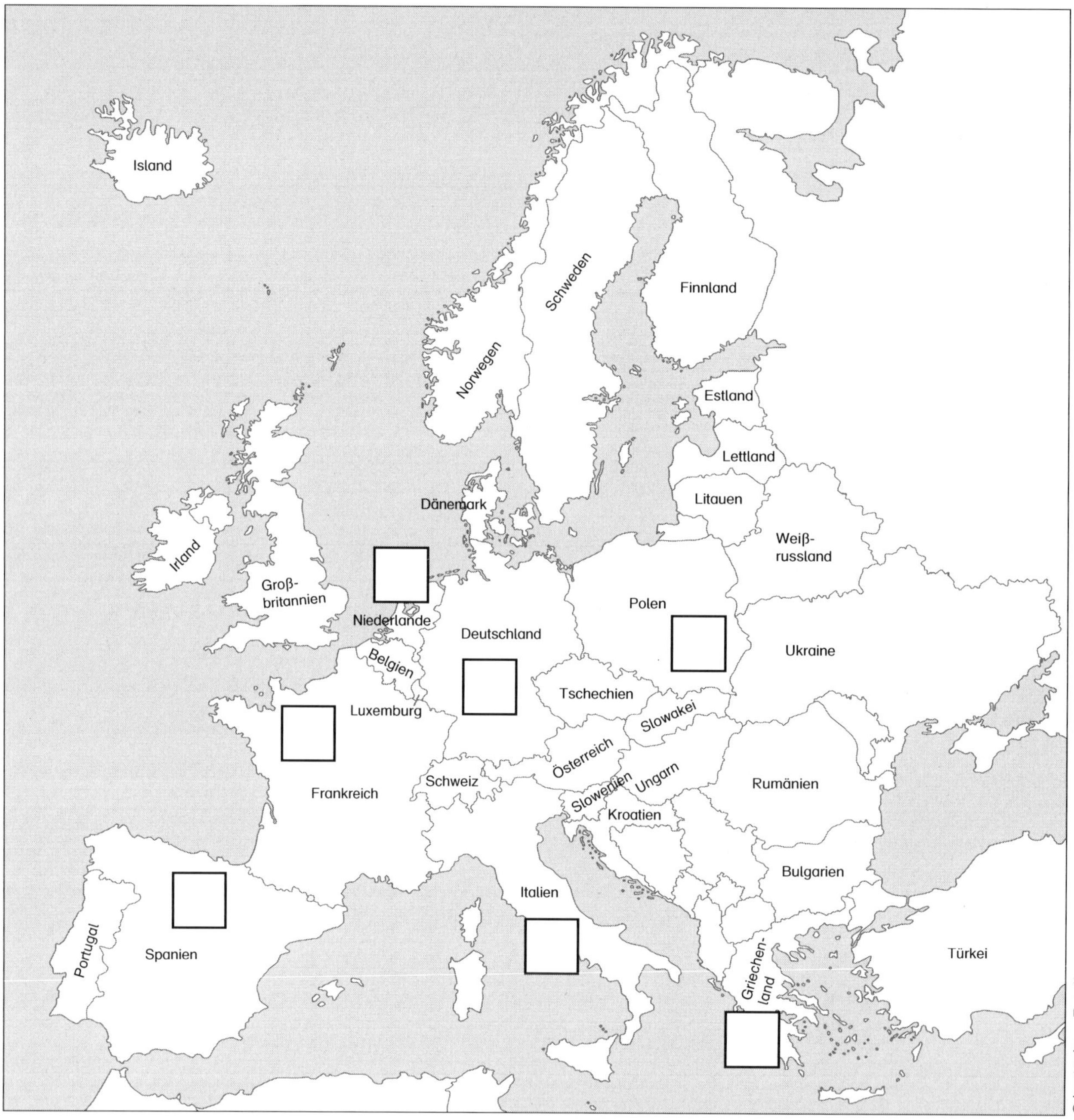

2. Sieh (→ sehen) in Aufgabe 1 und auch im Atlas nach. Welches Essen kommt aus welchem Land? Schneide die Wörter aus (→ ausschneiden) und ordne sie.

Start	Fisch	Spanien	Blumenkohl	Norwegen	Paprika
Deutschland	Tomaten	Italien	Kartoffeln	Polen	Getreide
Niederlande	Mais	Ukraine	**Ende**	Ungarn	Äpfel

Europa deckt den Tisch

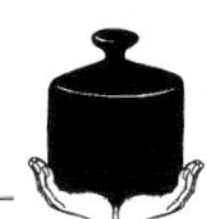

Unser Essen, das wir im Supermarkt kaufen können, kommt aus vielen Ländern Europas. Das Getreide für Brot wächst (→ wachsen) vor allem in der Mitte und im Osten Europas. Im Süden wächst Obst wie Orangen oder Äpfel. Aus den Ländern, die am Meer liegen, werden Fische nach Deutschland gebracht. Kartoffeln wachsen in unserem Land, aber auch zum Beispiel in Polen. Aus den Niederlanden kommen viele Tomaten, die aber auch im Süden Europas wachsen.

Woher kommt das Essen? Ordne den Ländern in der Karte die richtigen Buchstaben zu (→ zuordnen). Benutze dazu auch den Atlas (Landwirtschaft Europas).

a) Pfirsich	**b)** Kartoffeln	**c)** Blumenkohl	**d)** Paprika
e) Tomaten	**f)** Kiwi	**g)** Äpfel	**h)** Orangen
i) Getreide	**j)** Fische	**k)** Mais	**l)** Wein

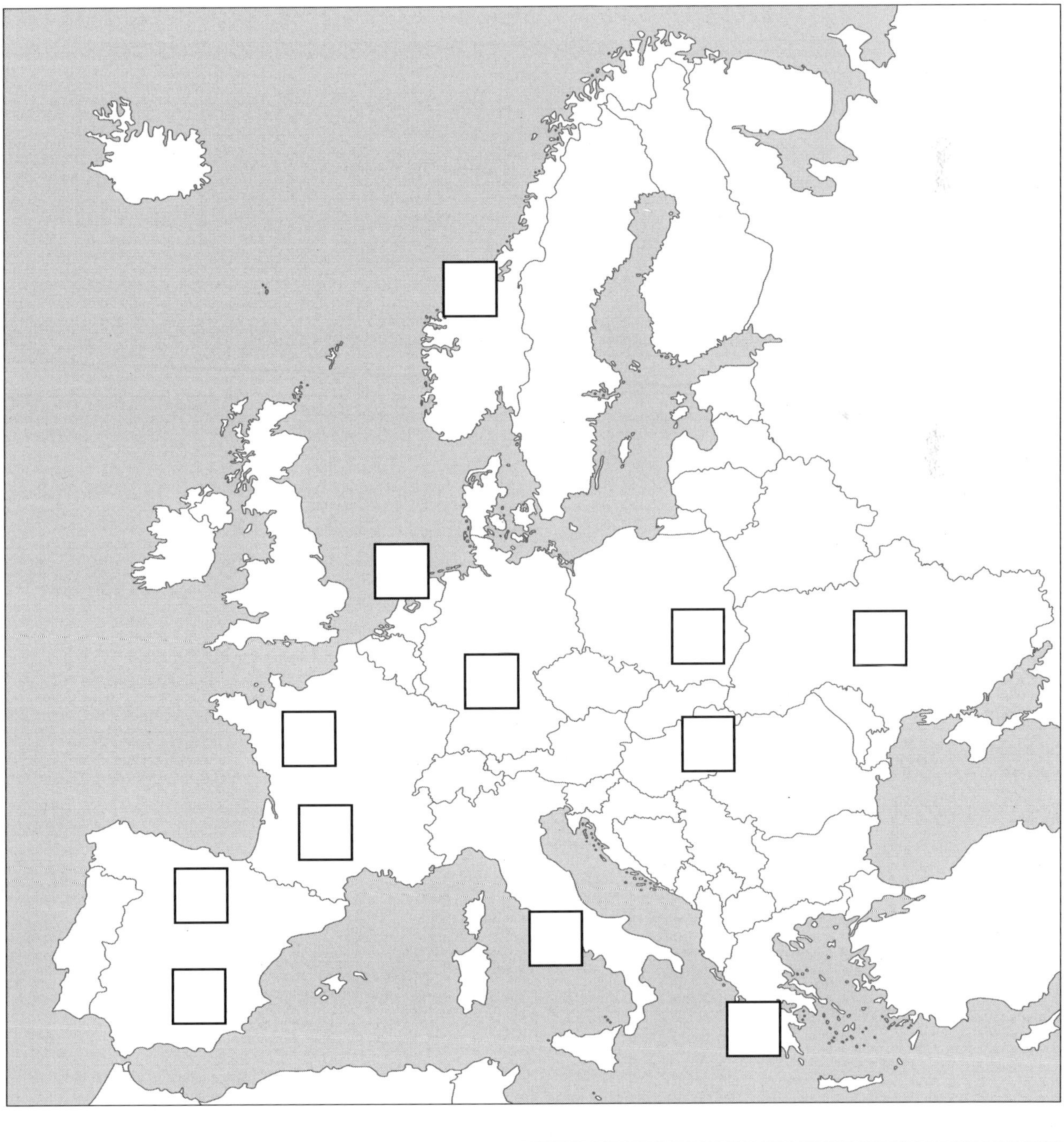

Lösung

Europa deckt den Tisch

1.

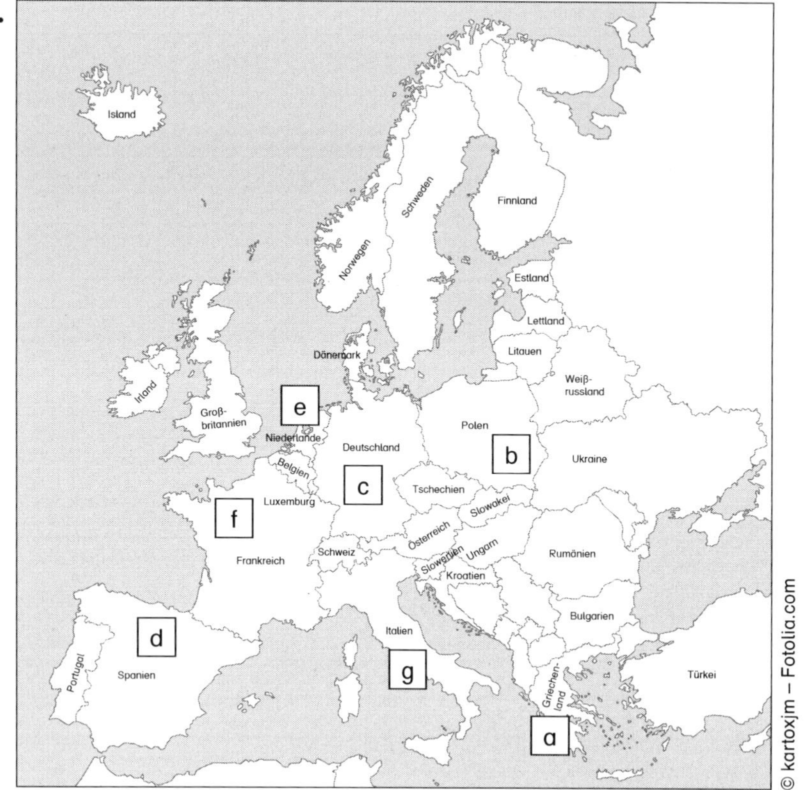

2.

Start	Fisch	Norwegen	Paprika	Spanien	Blumenkohl
Deutschland	Tomaten	Niederlande	Mais	Ungarn	Äpfel
Italien	Kartoffeln	Polen	Getreide	Ukraine	**Ende**

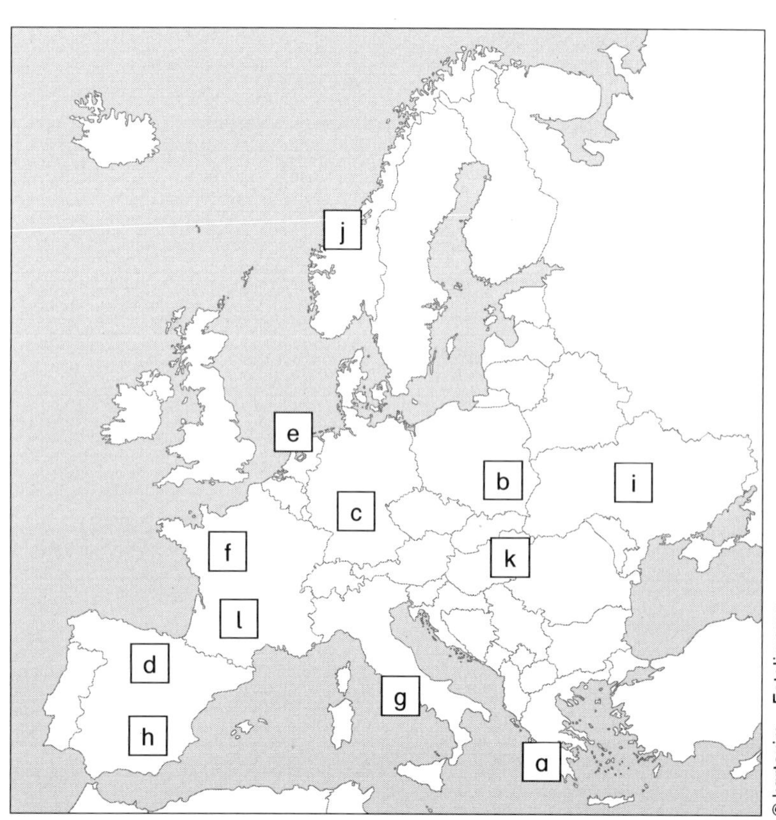

Klimadiagramme

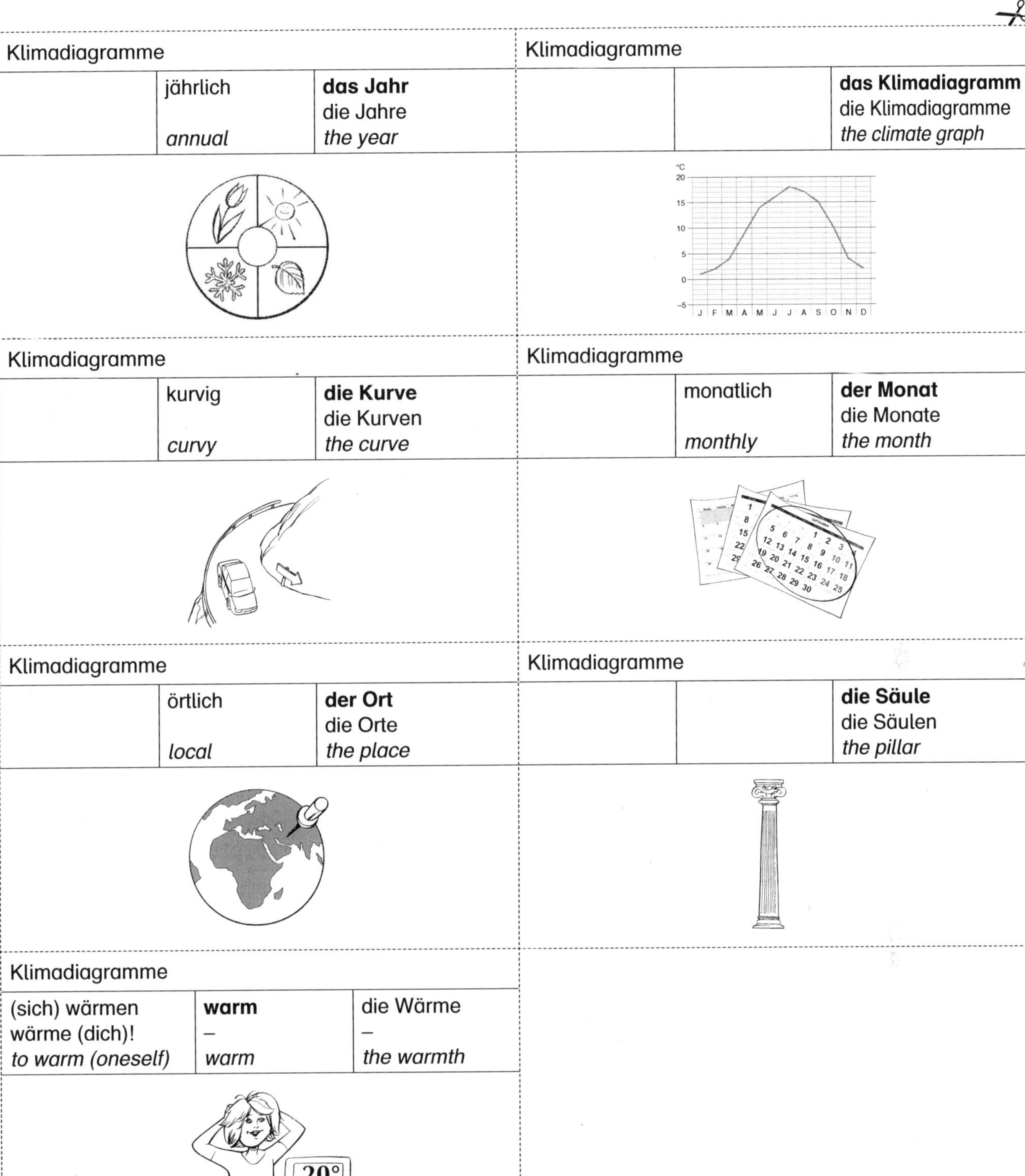

Klimadiagramme

	jährlich *annual*	**das Jahr** die Jahre *the year*

Klimadiagramme

		das Klimadiagramm die Klimadiagramme *the climate graph*

Klimadiagramme

	kurvig *curvy*	**die Kurve** die Kurven *the curve*

Klimadiagramme

	monatlich *monthly*	**der Monat** die Monate *the month*

Klimadiagramme

	örtlich *local*	**der Ort** die Orte *the place*

Klimadiagramme

		die Säule die Säulen *the pillar*

Klimadiagramme

(sich) wärmen wärme (dich)! *to warm (oneself)*	**warm** – *warm*	die Wärme – *the warmth*

In einem Klimadiagramm siehst (→ sehen) du, wie hoch die Temperaturen an einem Ort sind und wie viel Niederschlag es gibt. Es ist jeder Monat aufgeschrieben (→ schreiben) – für das ganze Jahr.
Temperaturen zeichnen wir in einer Kurve und den Niederschlag in Säulen.

1. Male die Kurve für die Temperatur rot an (→ anmalen).
Male die Säulen für den Niederschlag blau an.

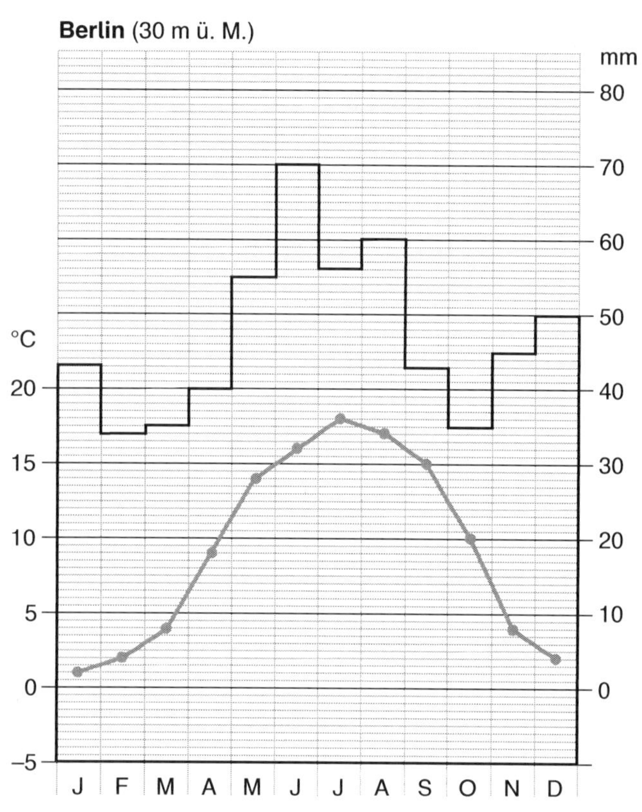

2. Schreibe die Temperaturen und den Niederschlag aus dem Klimadiagramm in die Tabelle.

Monat	Jan	Feb	Mär	Apr	Mai	Jun	Jul	Aug	Sep	Okt	Nov	Dez
Temperatur												
Niederschlag												

3. Betrachte das Klimadiagramm und suche die Monate.

a) Wärmster (→ warm) Monat: ______________________________

b) Kältester (→ kalt) Monat: ______________________________

c) Monat mit dem meisten (viel) Niederschlag: ______________________________

d) Monat mit dem wenigsten (wenig) Niederschlag: ______________________________

Klimadiagramme

In einem Klimadiagramm kann man sehen, wie hoch die Temperaturen sind und wie viel Niederschlag es gibt. Es ist jeder Monat dargestellt – ein ganzes Jahr lang. Ein Klimadiagramm ist von Ort zu Ort verschieden.
Temperaturen werden in einer Kurve und der Niederschlag in Säulen dargestellt.

1. Male die Kurve für die Temperatur rot an (→ anmalen).
Male die Säulen für den Niederschlag blau an.

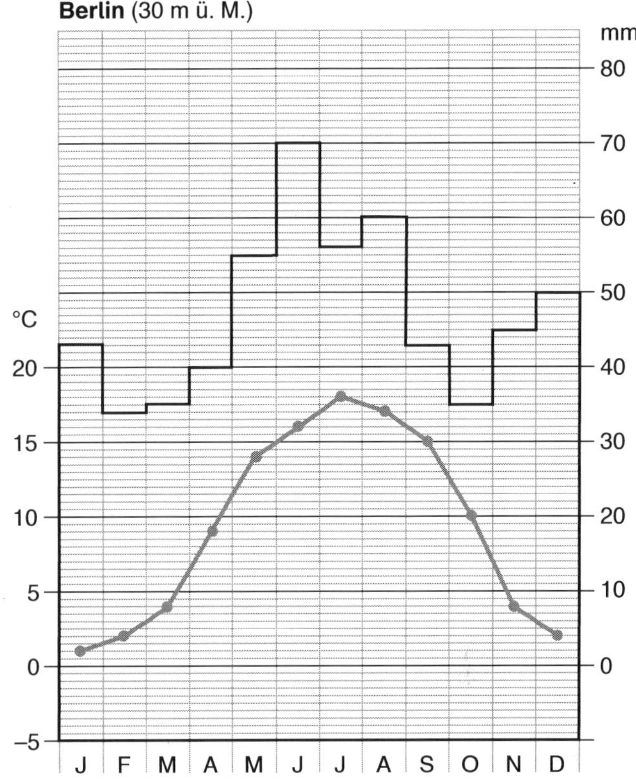

2. Schreibe die Temperaturen und den Niederschlag aus dem Klimadiagramm in die Tabelle.

Monat	Jan	Feb	Mär	Apr	Mai	Jun	Jul	Aug	Sep	Okt	Nov	Dez
Temperatur												
Niederschlag												

3. Zeichne ein Klimadiagramm von Kiel.

Monat	Jan	Feb	Mär	Apr
Temperatur	1	1	3	7
Niederschlag	60	48	45	49

Monat	Mai	Jun	Jul	Aug
Temperatur	11	15	17	16
Niederschlag	54	63	79	83

Monat	Sep	Okt	Nov	Dez
Temperatur	14	10	5	3
Niederschlag	69	65	75	73

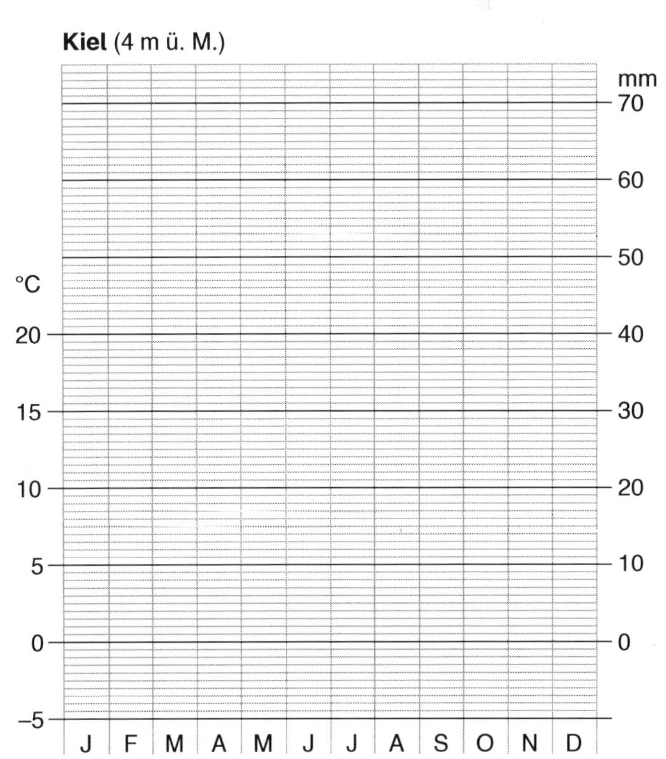

1.

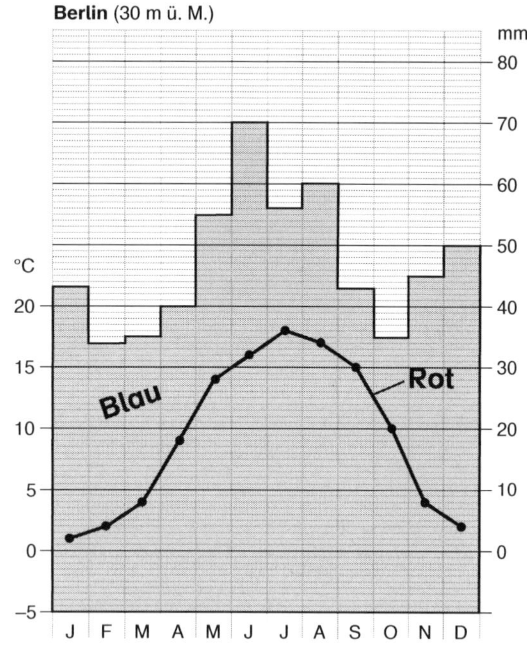

2.

Monat	Jan	Feb	Mär	Apr	Mai	Jun	Jul	Aug	Sep	Okt	Nov	Dez
Temperatur	1	2	4	9	14	16	18	17	15	10	4	2
Niederschlag	43	34	35	40	55	70	56	60	43	35	45	50

3. a) Juli **b)** Januar **c)** Juni **d)** Februar

1.

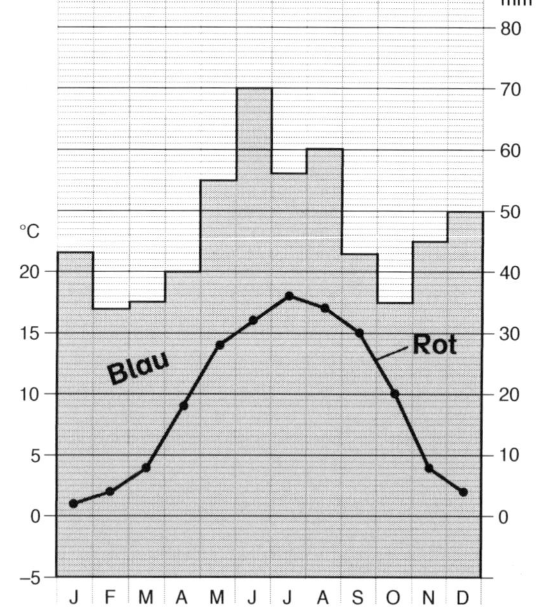

3.

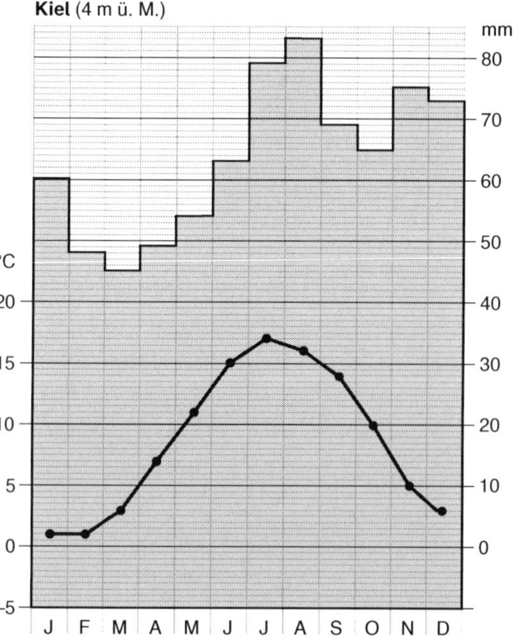

2.

Monat	Jan	Feb	Mär	Apr	Mai	Jun	Jul	Aug	Sep	Okt	Nov	Dez
Temperatur	1	2	4	9	14	16	18	17	15	10	4	2
Niederschlag	43	34	35	40	55	70	56	60	43	35	45	50

Lage der Klimazonen

Lage der Klimazonen		
		die Jahreszeit die Jahreszeiten *the season*

Lage der Klimazonen		
kühlen kühle! *to cool*	**kühl** *cool*	die Kühle – *the coolness*

10°

Lage der Klimazonen		
schneien – *to snow*		**der Schnee** – *the snow*

Lage der Klimazonen		
		der Sommer die Sommer *the summer*

Lage der Klimazonen		
		der Winter die Winter *the winter*

Lage der Klimazonen		
		die Zone die Zonen *the zone*

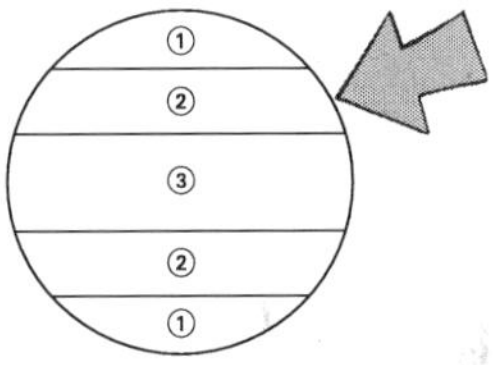

① ② ③ ② ①

Lage der Klimazonen

Die Temperatur auf der Erde ist nicht überall gleich (=). Am Äquator ist es heiß und an den Polen ist es kalt. Deutschland ist in der **Gemäßigten Zone**. Die Zone am Äquator ist die **Tropische Zone**, die Zone an den Polen die **Polare Zone**. Die Zonen sind die **Klimazonen**.

① Polare Zone:
- Temperaturen < 0 °C
- oft Schnee

© Matt Berger – Shutterstock.com

② Gemäßigte Zone:
- vier Jahreszeiten
- Temperaturen 0–25 °C

© Jenny Sturm – Shutterstock.com

③ Tropische Zone:
- keine Jahreszeiten
- viel Regen
- Temperaturen bis 40 °C

© GrishaN – Shutterstock.com

1. Ordne die Zonen zu (→ zuordnen). Beschrifte das Bild.

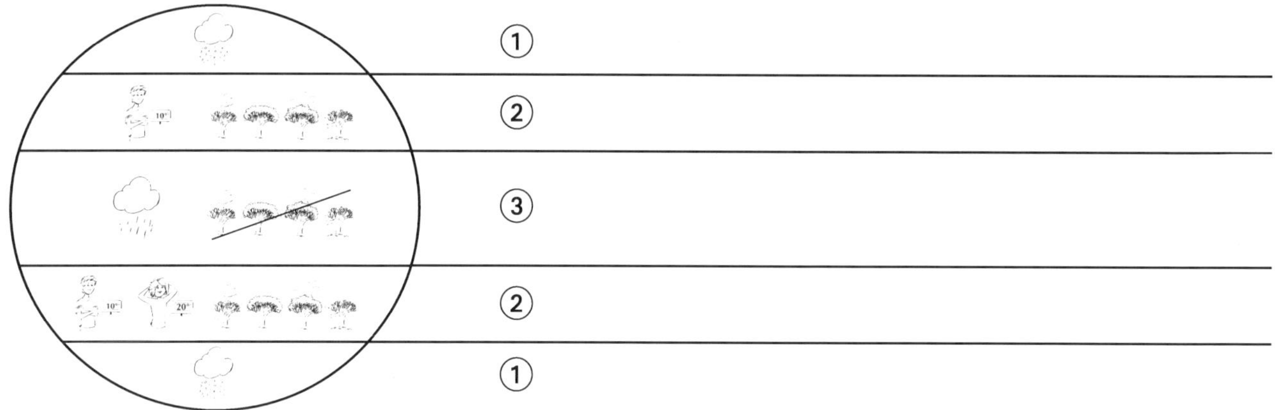

2. Verbinde die Bilder mit den Wörtern (→ Wort).

Gemäßigte Zone	Tropische Zone	Polare Zone

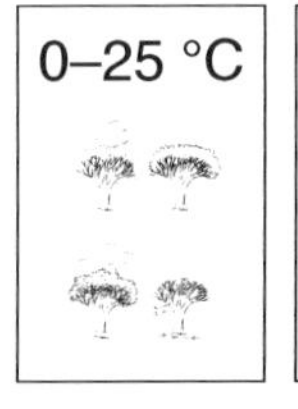

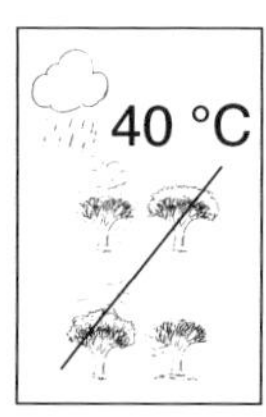

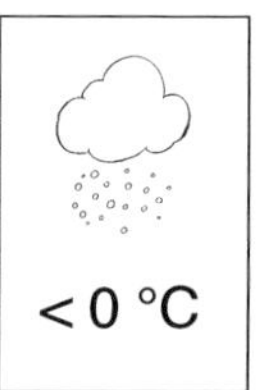

Lage der Klimazonen

Die Temperatur auf der Erde ist nicht überall gleich. Am Äquator ist es heiß und an den Polen kalt. In Deutschland wohnen wir in der **Gemäßigten Zone**. Die Zone am Äquator heißt **Tropische Zone**, die Zone an den Polen **Polare Zone**. Dazwischen gibt es noch zwei Zonen: die **Subpolare Zone** und die **Subtropische Zone**. Die Zonen heißen **Klimazonen**.

① Polare Zone:
- Temperaturen < 0 °C
- oft Schnee

② Subpolare Zone:
- wenige Tage Sommer
- kalt
- Temperaturen bis 10 °C

③ Gemäßigte Zone:
- vier Jahreszeiten
- Temperaturen 0–25 °C
- Regen

④ Subtropische Zone:
- heißer Sommer
- kühler Winter
- manchmal viel Regen; manchmal sehr heiß, ohne Regen = Regen- und Trockenzeiten
- Temperaturen 5–25 °C

⑤ Tropische Zone:
- keine Jahreszeiten
- viel Regen
- Temperaturen bis 40 °C

Beschrifte die Klimazonen. Male die Klimazonen mit Buntstiften an (→ anmalen).

Zone	Klimazone	Buntstifte
①	Polare Zone	blau
②		hellblau
③		grün
④		gelb
Äquator ⑤		rot
④		gelb
③		grün
②		hellblau
①		blau

Lage der Klimazonen

1.

① Polare Zone

② Gemäßigte Zone

③ Tropische Zone

② Gemäßigte Zone

① Polare Zone

2.

Gemäßigte Zone | Tropische Zone | Polare Zone

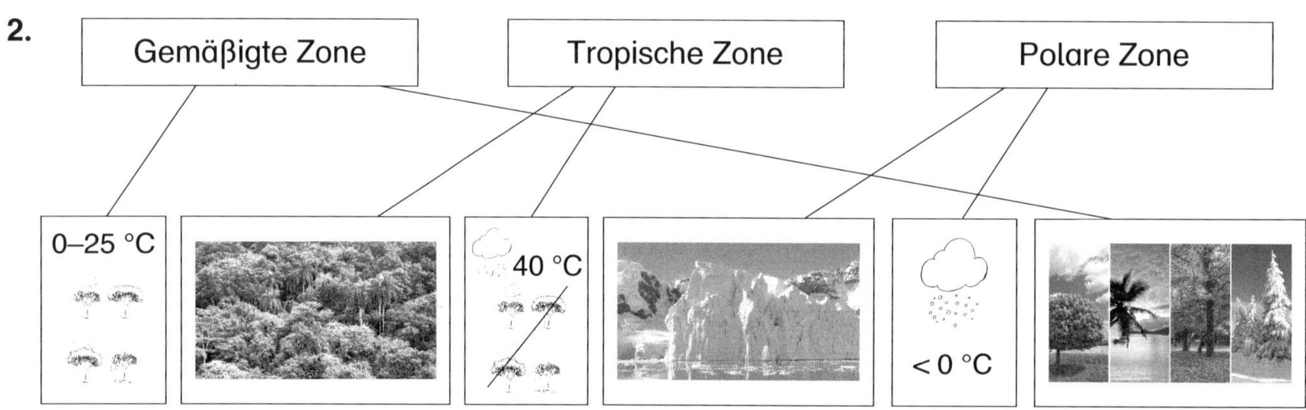

①	Polare Zone	blau
②	Subpolare Zone	hellblau
③	Gemäßigte Zone	grün
④	Subtropische Zone	gelb
⑤	Tropische Zone	rot
④	Subtropische Zone	gelb
③	Gemäßigte Zone	grün
②	Subpolare Zone	hellblau
①	Polare Zone	blau

Äquator

Die Kalte Zone

Die Kalte Zone	Die Kalte Zone
das Fell die Felle *the fur*	**der Hundeschlitten** die Hundeschlitten *the dog sleigh*

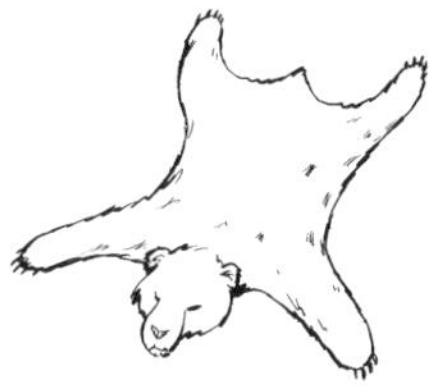

Die Kalte Zone	Die Kalte Zone
das Iglu die Iglus *the igloo*	**jagen** jage! *to hunt* **die Jagd** – *the hunt*

Die Kalte Zone	Die Kalte Zone
das Kajak die Kajaks *the kayak*	(sich) kleiden kleide dich! *to dress* **die Kleidung** – *the clothes*

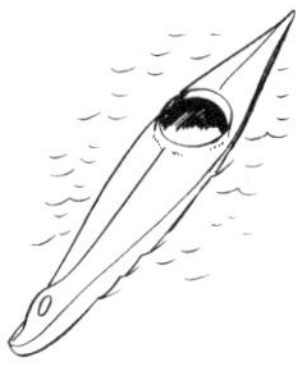

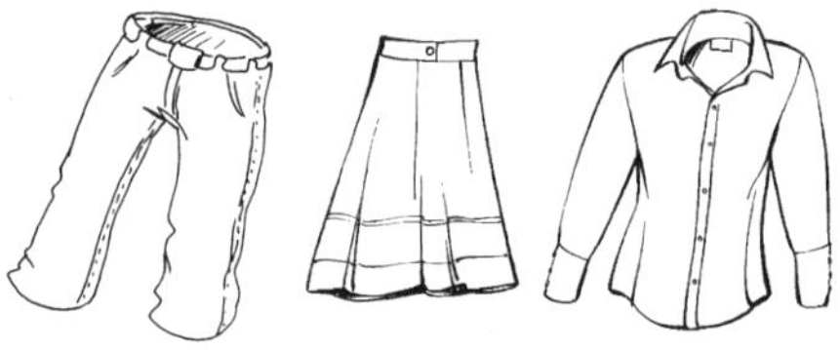

Die Kalte Zone	Die Kalte Zone
der Motorschlitten die Motorschlitten *the snowmobile*	**die Robbe** die Robben *the seal*

Die Kalte Zone	Die Kalte Zone
der Stiefel die Stiefel *the boot*	**das Zelt** die Zelte *the tent*

Die Kalte Zone

Auch hier in der Kälte wohnen Menschen: Sie heißen Inuit.

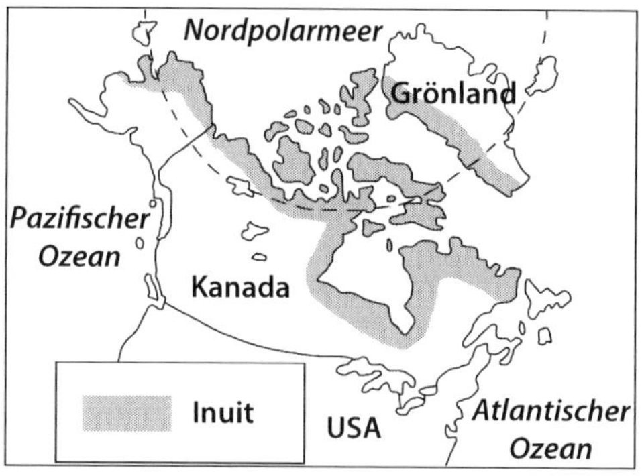

1
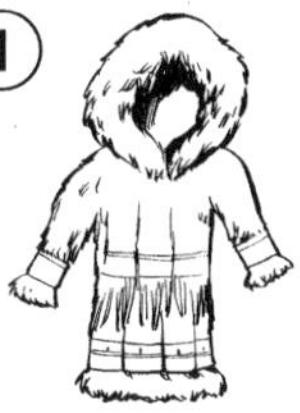

2
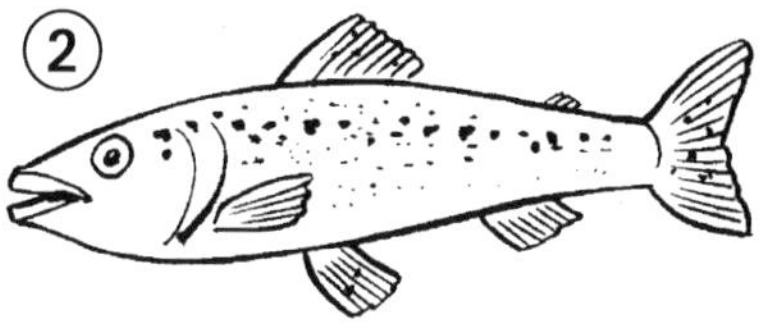

3
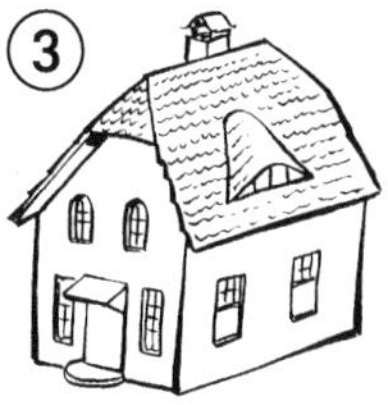

4
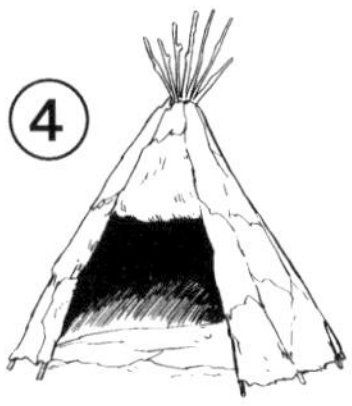

5
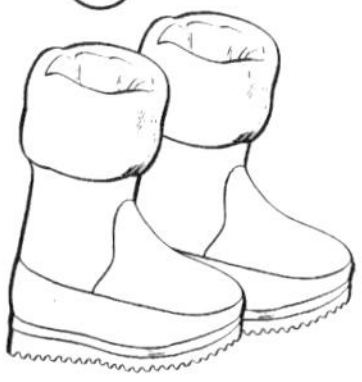

6
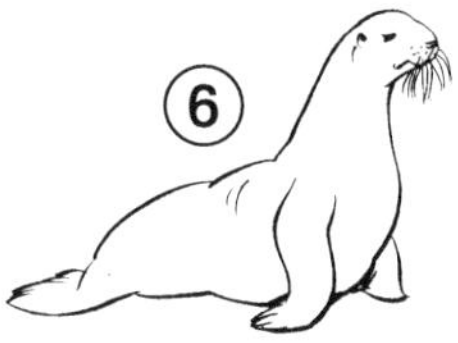

7
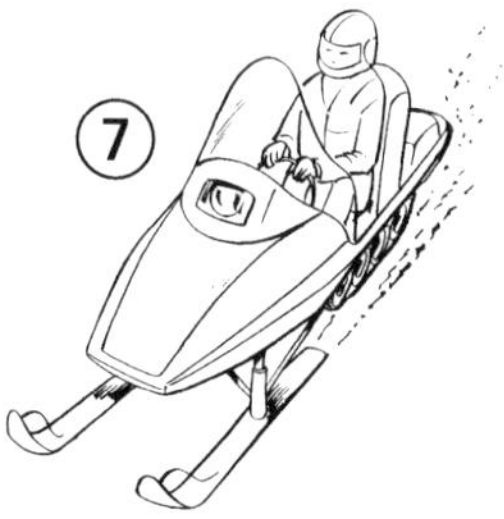

8
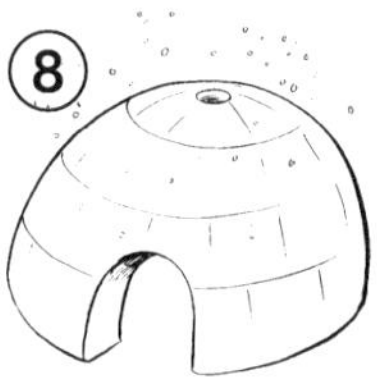

9
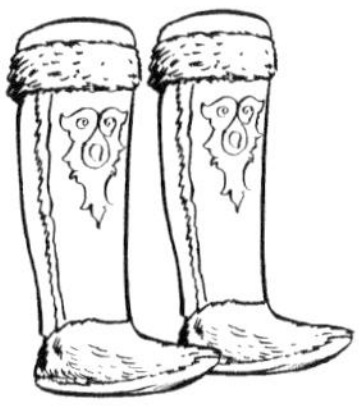

10
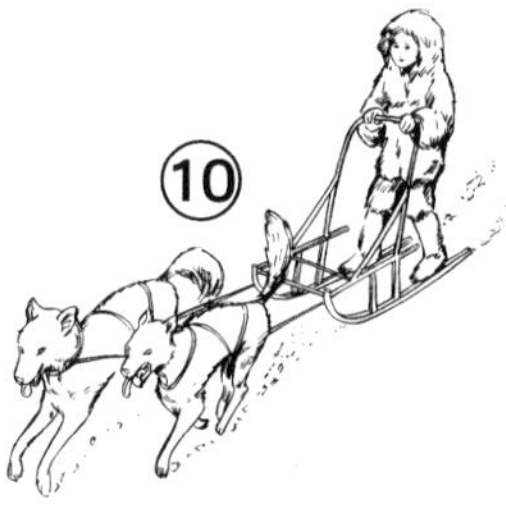

13
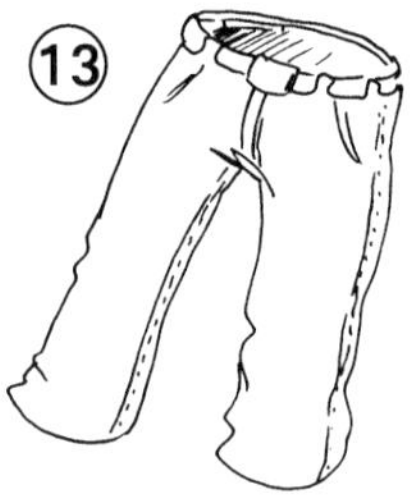

11
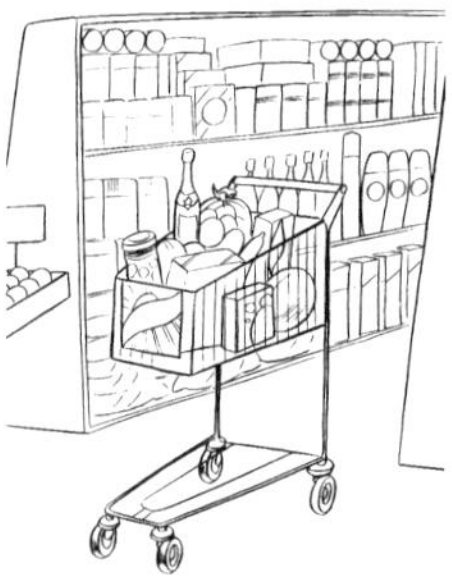

12
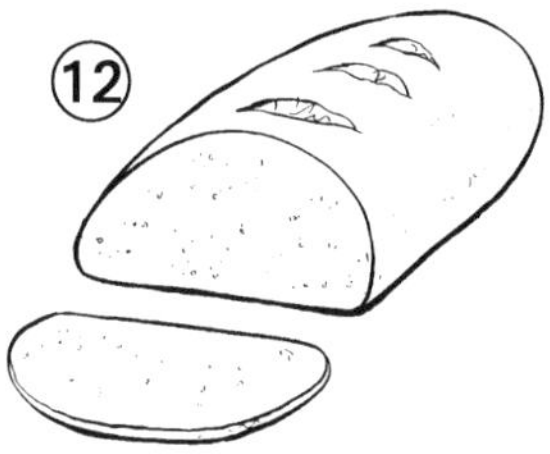

14
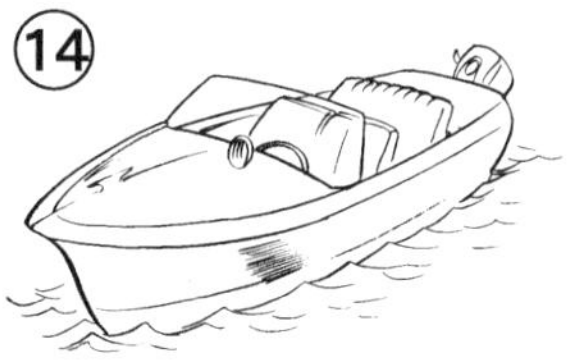

15
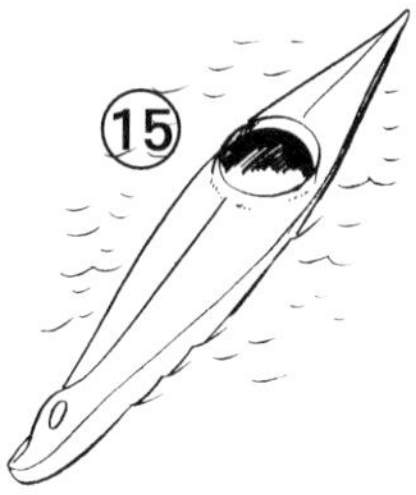

Schreibe die Zahlen (1–15) in die Tabelle. Was war früher? Wie ist es heute?

	früher	**heute**
Kleidung		
Verkehrsmittel		
Essen		
Wohnen		

Die Kalte Zone

Auch hier in der Kälte wohnen Menschen: die Inuit.

Inuit früher:

- Die Inuit wohnten in Zelten oder Iglus.
- Die Männer fuhren mit Hundeschlitten und Kajaks zur Jagd.
- Sie jagten Robben und Fische.
- Die Frauen versorgten die Kinder und machten die Kleidung.
- Die Kleidung und die Stiefel waren aus Fell.

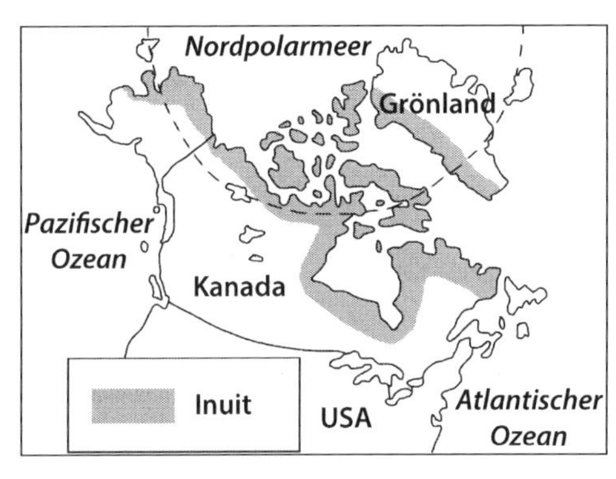

Inuit heute:

- Die Inuit wohnen in Häusern.
- Sie benutzen Motorschlitten.
- Heute tragen sie moderne Kleidung, wie Snowboots und Jeans.
- Sie essen nicht mehr nur Fisch und das Fleisch der Robben. Im Supermarkt können sie Vieles kaufen.

1. Schreibe in die Tabelle, wie die Inuit früher lebten und wie sie heute leben.

	früher	**heute**
Kleidung		
Verkehrsmittel		
Essen		
Wohnen		

2. Welches Wort ist falsch? Streiche es durch (→ durchstreichen).

a) Zelt – Jeans – Haus

b) Snowboots – Stiefel – Kajak

c) Motorschlitten – Kajak – Iglu

d) Brot – Hundeschlitten – Fisch

e) Iglu – Fisch – Robben

f) Motorschlitten – Stiefel – Hundeschlitten

g) Fisch – Zelt – Iglu

Die Kalte Zone

	früher	heute
Kleidung	① ⑨	⑤ ⑬
Verkehrsmittel	⑩ ⑮	⑦ ⑭
Essen	② ⑥	⑪ ⑫
Wohnen	④ ⑧	③

1.

	früher	heute
Kleidung	Kleidung und Stiefel aus Fell	Snowboots, Jeans
Verkehrsmittel	Hundeschlitten, Kajaks	Motorschlitten
Essen	Robben, Fische	Robben, Fische, Essen aus dem Supermarkt
Wohnen	Zelt, Iglu	Haus

2. **a)** Zelt – ~~Jeans~~ – Haus

   b) Snowboots – Stiefel – ~~Kajak~~

   c) Motorschlitten – Kajak – ~~Iglu~~

   d) Brot – ~~Hundeschlitten~~ – Fisch

   e) ~~Iglu~~ – Fisch – Robben

   f) Motorschlitten – ~~Stiefel~~ – Hundeschlitten

   g) ~~Fisch~~ – Zelt – Iglu

Die Wüste

Die Wüste		
anbauen baue an! *to cultivate*		der Anbau – *the cultivation*

Die Wüste		
		der Brunnen die Brunnen *the well*

Die Wüste		
		die Dattelpalme die Dattelpalmen *the date tree*

Die Wüste		
		das Gemüse – *the vegetable*

Die Wüste		
		das Kamel die Kamele *the camel*

Die Wüste		
		die Oase die Oasen *the oasis*

Die Wüste		
		das Obst – *the fruit*

Die Wüste		
		das Vieh – *the cattle*

Die Wüste		
		die Wüste die Wüsten *the desert*

Die Wüste

In der Wüste ist wenig Wasser. Dort ist es sehr heiß. In einer Oase gibt es Brunnen mit Wasser. In der Oase können Menschen und Tiere leben.
Die Menschen bauen Obst und Gemüse an (→ anbauen). Aus der Dattelpalme kann man Vieles machen.

Was gibt es in einer Oase? Schneide die richtigen Bilder aus (→ ausschneiden) und klebe sie in die Kästchen.

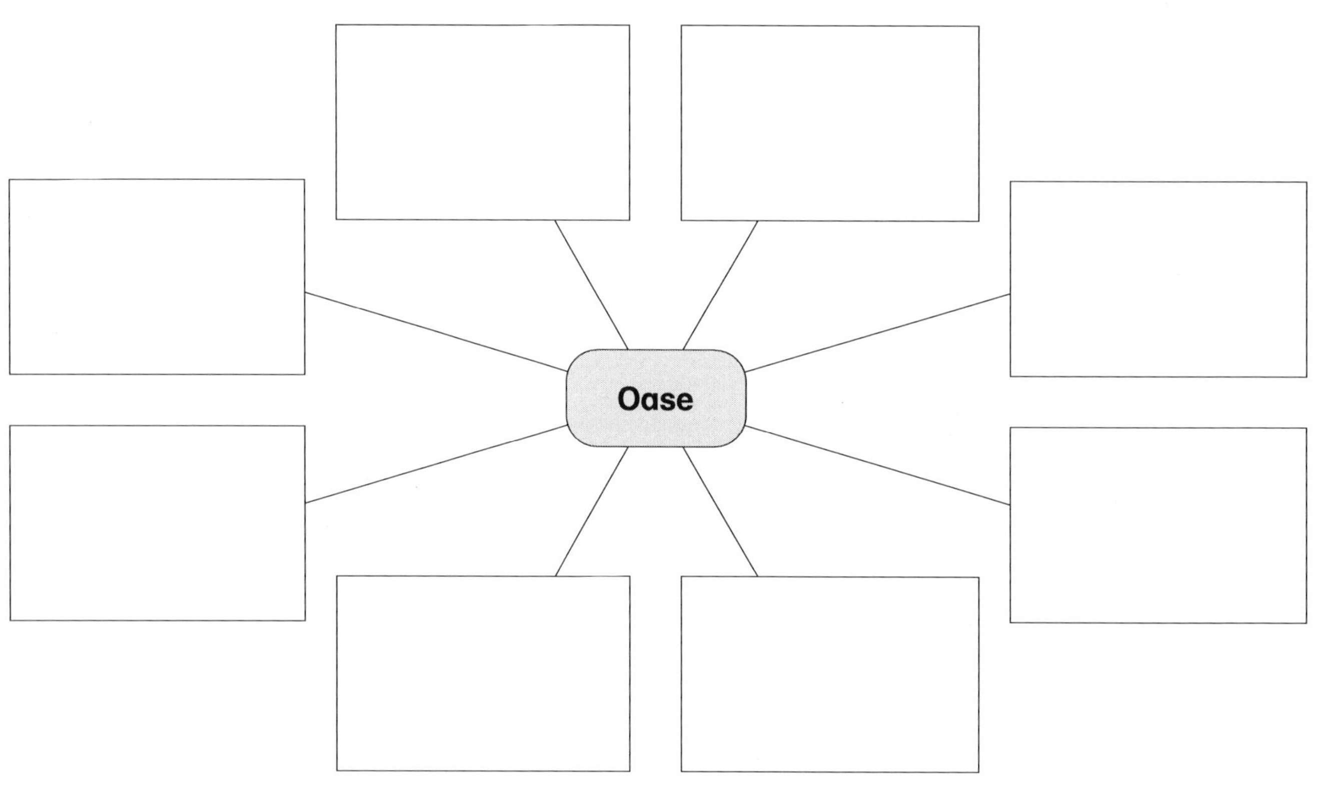

Autobahn	Brunnen	Dattelpalme	Eisberge
Gemüse	Häuser	Iglu	Vieh
Mischwald	Obst	Pinguine	Sanddünen
Schnee	Kamele	Wasser	Eisenbahn

Die Wüste

1. Beschrifte das Bild mit diesen Wörtern: Brunnen, Dattelpalmen, Obst, Gemüse, Häuser, Kamele.

2. Beschreibe das Bild.

___

___

___

___

___

___

___

___

3. Kreuze das Richtige an (→ ankreuzen).

- ☐ In der Wüste ist es in der Nacht sehr heiß.
- ☐ Es regnet wenig in der Wüste.
- ☐ In der Oase können Menschen und Vieh in der Wüste leben.
- ☐ Die Menschen holen Wasser aus Brunnen.
- ☐ Ein wichtiges Tier in der Wüste ist die Kuh.
- ☐ Die Dattelpalme ist ein wichtiger Baum der Oase.

Die Wüste

Kamele

Vieh

Wasser

Dattelpalme

Oase

Obst

Brunnen

Gemüse

Häuser

17 19

1.

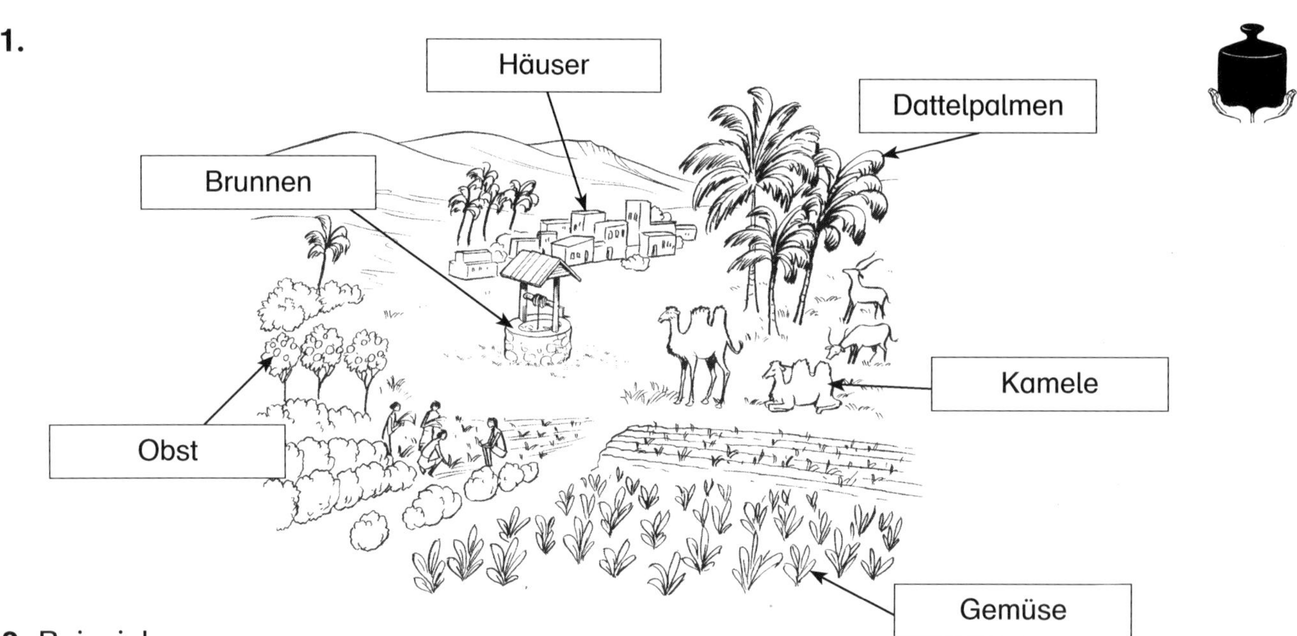

2. Beispiel:
Ich sehe eine Oase. Hier leben Menschen und Kamele. Die Menschen können am Brunnen Wasser holen. Dadurch können sie Obst und Gemüse anbauen. Die Dattelpalme ist ein wichtiger Baum der Oase.

3.
- [ ] In der Wüste ist es in der Nacht sehr heiß.
- [X] Es regnet wenig in der Wüste.
- [X] In der Oase können Menschen und Vieh in der Wüste leben.
- [X] Die Menschen holen Wasser aus Brunnen.
- [ ] Ein wichtiges Tier in der Wüste ist die Kuh.
- [X] Die Dattelpalme ist ein wichtiger Baum der Oase.

Tagesverlauf

Tagesverlauf

	feucht *humid*	die Feuchte – *the humidity*

Tagesverlauf

		das Gewitter die Gewitter *the thunderstorm*

Tagesverlauf

kondensieren – *to condense*		die Kondensation die Kondensationen *the condensation*

Tagesverlauf

		die Luft – *the air*

Tagesverlauf

	nächtlich *nightly*	**die Nacht** die Nächte *the night*

Tagesverlauf

		der Sonnenaufgang die Sonnenaufgänge *the sunrise*

Tagesverlauf

		der Sonnenuntergang die Sonnenuntergänge *the sunset*

Tagesverlauf

	täglich *daily*	**der Tag** die Tage *the day*

Tagesverlauf

		das Wetter – *the weather*

Tagesverlauf

Nahe am Äquator regnet es viel. Deshalb heißt der Wald dort **Regenwald**. Im Regenwald sind alle Tage gleich (=).

1. Schneide die Bilder aus (→ ausschneiden) und ordne sie nach der Zeit.

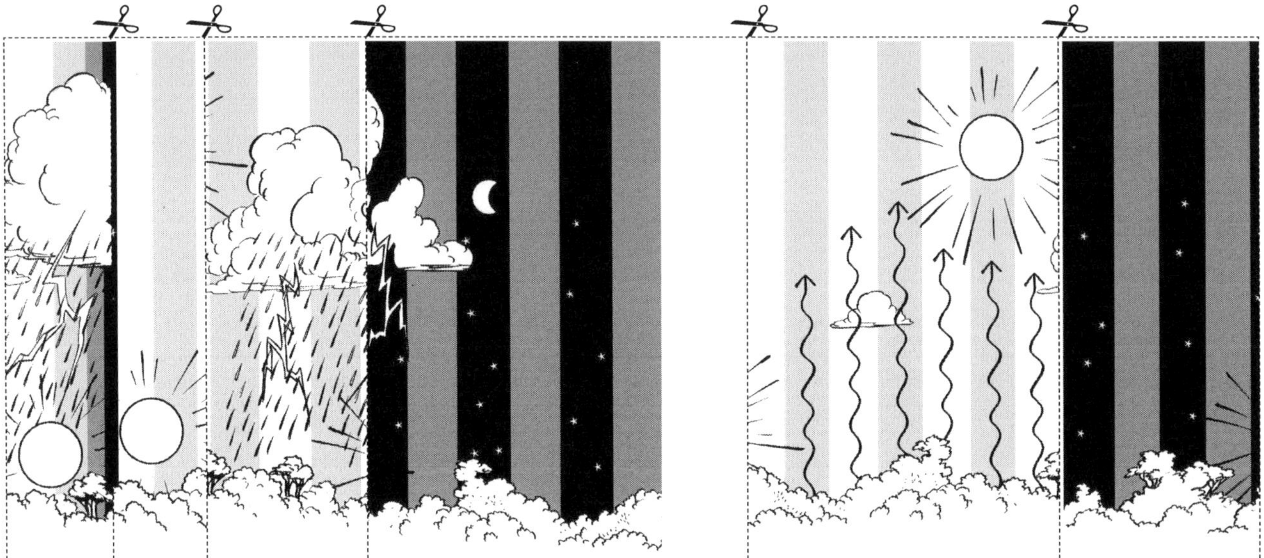

17 18	5 6	14 15 16	19 20 21 22 23 24 Uhr	7 8 9 10 11 12 13	1 2 3 4
26°C	20°C	30°C		22°C 25°C 28°C	
17–18 Uhr: Es ist Sonnenuntergang.	6 Uhr: Es ist Sonnenaufgang. Es wird Tag.	14–17 Uhr: Die Luft ist sehr feucht. Es gibt Gewitter.	Es ist Nacht.	Es wird heißer. Wasser aus dem Wald kondensiert.	Es ist Nacht.

2. Beschreibe den Tag.

6 Uhr: ______________________________

____

6–13 Uhr: ______________________________

____

14–17 Uhr: ______________________________

____

17–18 Uhr: ______________________________

nach 18 Uhr: ______________________________

____

Tagesverlauf

Nahe am Äquator gibt es sehr viel Niederschlag. Deshalb heißt der Wald dort **Regenwald**. Im Regenwald sind alle Tage gleich.

1. Schneide die Teile des Bilds aus (→ ausschneiden) und ordne sie in der richtigen Reihenfolge.

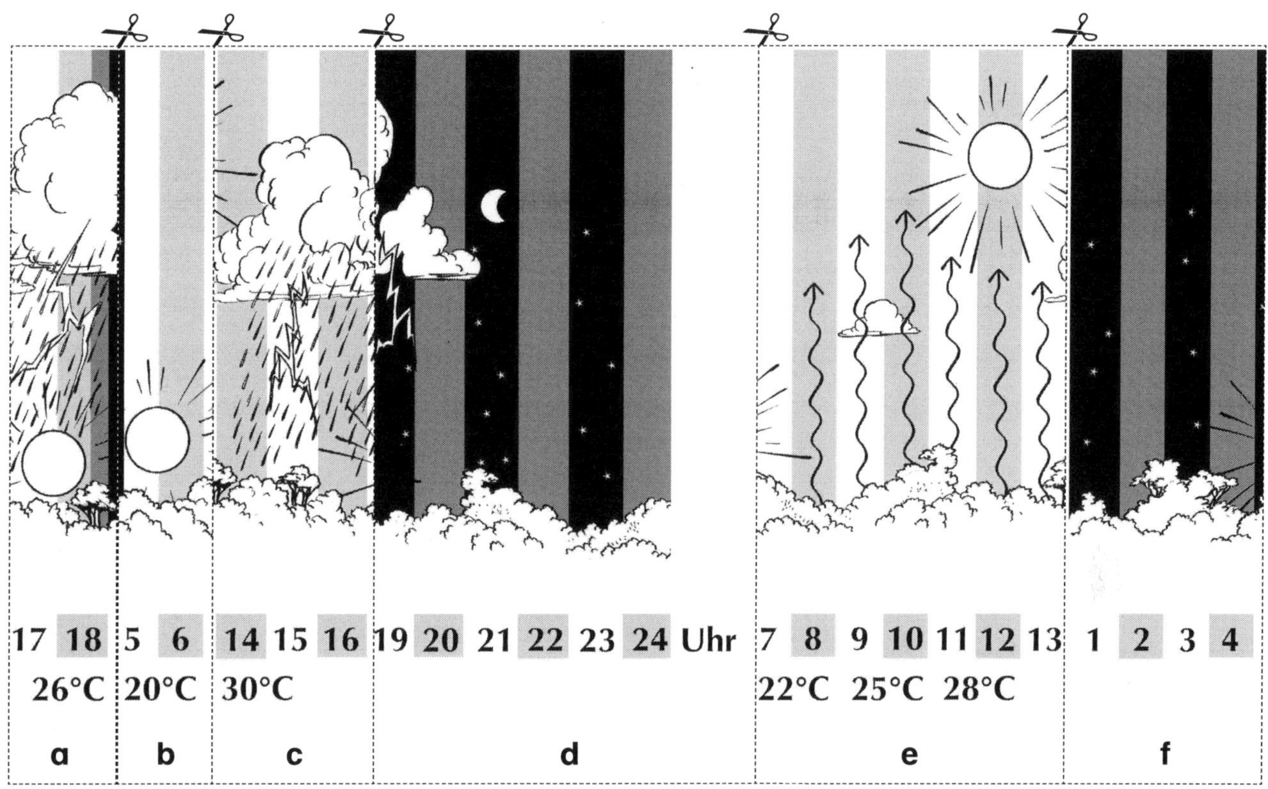

2. Ordne die Sätze den Bildern zu. Trage die richtigen Buchstaben in die Kästchen ein.

- ☐ Es ist Nacht.
- ☐ 6 Uhr: Es ist Sonnenaufgang. Der Tag beginnt.
- ☐ 6–13 Uhr: Es wird heißer. Wasser aus dem Wald kondensiert.
- ☐ 14–17 Uhr: Die Luft ist sehr feucht. Es gibt Gewitter.
- ☐ 17–18 Uhr: Es ist Sonnenuntergang.
- ☐ nach 18 Uhr: Es ist Nacht.

3. Kreuze das Richtige an (→ ankreuzen).

- ☐ Der Tropische Regenwald liegt in der Nähe des Äquators.
- ☐ Im Tropischen Regenwald hat es jeden Tag ein anderes Wetter.
- ☐ In Deutschland gibt es einen Tropischen Regenwald.
- ☐ Im Tropischen Regenwald regnet es jeden Tag.
- ☐ Die Sonne geht im Tropischen Regenwald um 22 Uhr unter (= Sonnenuntergang).
- ☐ Zwischen 14 und 17 Uhr gibt es im Tropischen Regenwald Gewitter.

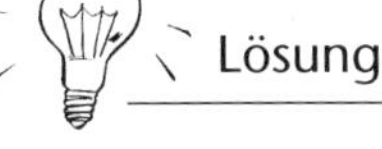

Tagesverlauf

1.

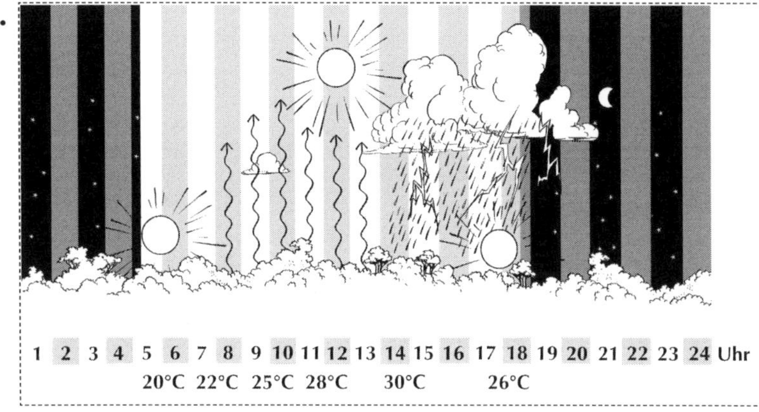

2. 6 Uhr: Es ist Sonnenaufgang. Es wird Tag.
6–13 Uhr: Es wird heißer. Wasser aus dem Wald kondensiert.
14–17 Uhr: Die Luft ist sehr feucht. Es gibt Gewitter.
17–18 Uhr: Es ist Sonnenuntergang.
nach 18 Uhr: Es ist Nacht.

1.

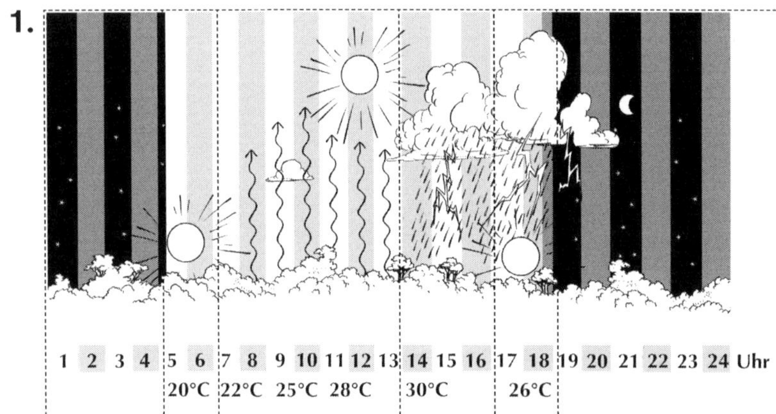

2.

f	Es ist Nacht.
b	6 Uhr: Es ist Sonnenaufgang. Der Tag beginnt.
e	6–13 Uhr: Es wird heißer. Wasser aus dem Wald kondensiert.
c	14–17 Uhr: Die Luft ist sehr feucht. Es gibt Gewitter.
a	17–18 Uhr: Es ist Sonnenuntergang.
d	nach 18 Uhr: Es ist Nacht.

3.
- [x] Der Tropische Regenwald liegt in der Nähe des Äquators.
- [ ] Im Tropischen Regenwald hat es jeden Tag ein anderes Wetter.
- [ ] In Deutschland gibt es einen Tropischen Regenwald.
- [x] Im Tropischen Regenwald regnet es jeden Tag.
- [ ] Die Sonne geht im Tropischen Regenwald um 22 Uhr unter (= Sonnenuntergang).
- [x] Zwischen 14 und 17 Uhr gibt es im Tropischen Regenwald Gewitter.

Stockwerkbau

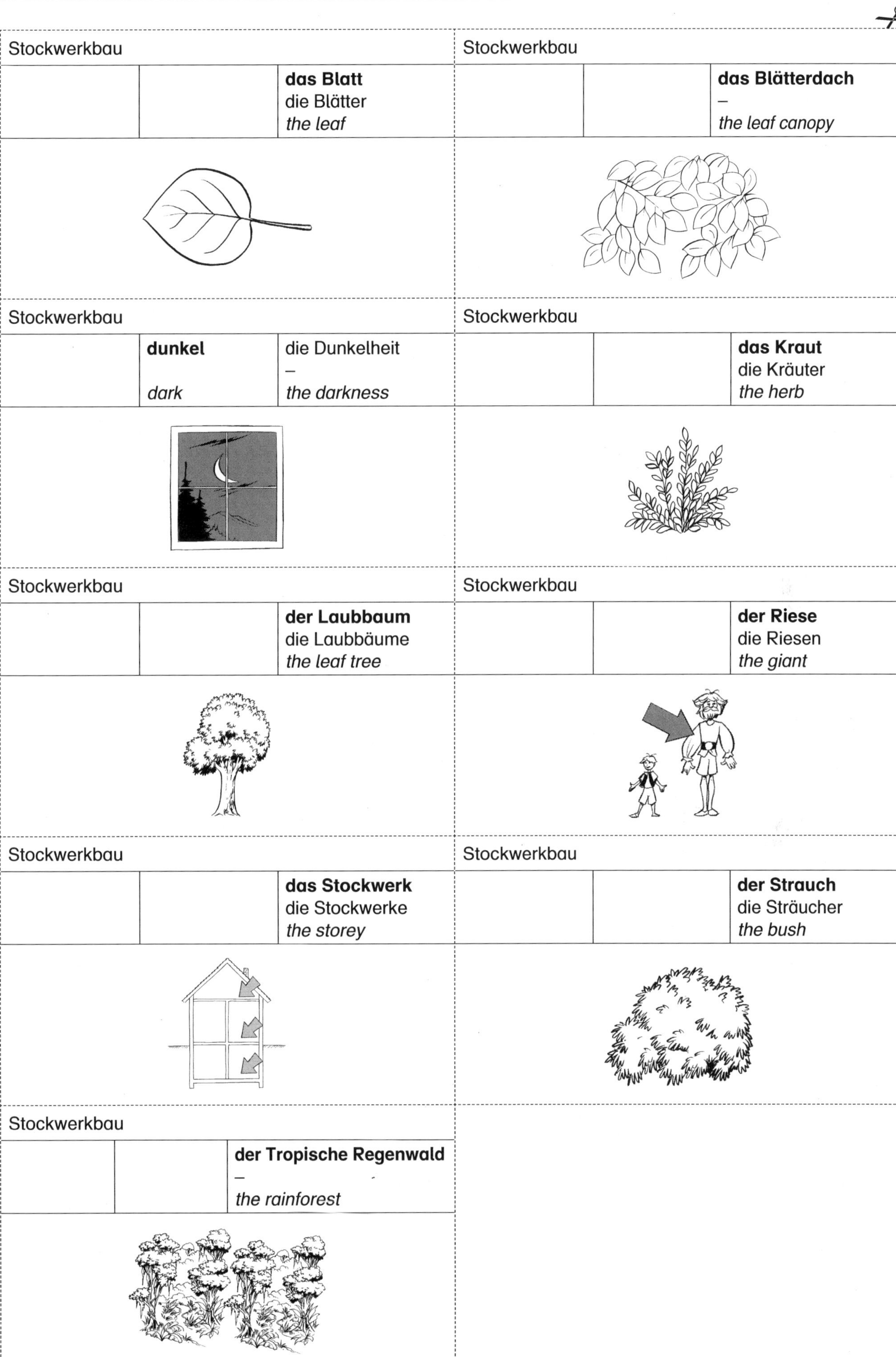

Stockwerkbau

das Blatt
die Blätter
the leaf

Stockwerkbau

das Blätterdach
–
the leaf canopy

Stockwerkbau

dunkel
dark

die Dunkelheit
–
the darkness

Stockwerkbau

das Kraut
die Kräuter
the herb

Stockwerkbau

der Laubbaum
die Laubbäume
the leaf tree

Stockwerkbau

der Riese
die Riesen
the giant

Stockwerkbau

das Stockwerk
die Stockwerke
the storey

Stockwerkbau

der Strauch
die Sträucher
the bush

Stockwerkbau

der Tropische Regenwald
–
the rainforest

Stockwerkbau

Nahe am Äquator scheint die Sonne oft. Es gibt auch viel Niederschlag. Hier ist der **Tropische Regenwald**. Im Tropischen Regenwald gibt es viele Pflanzen und Tiere.

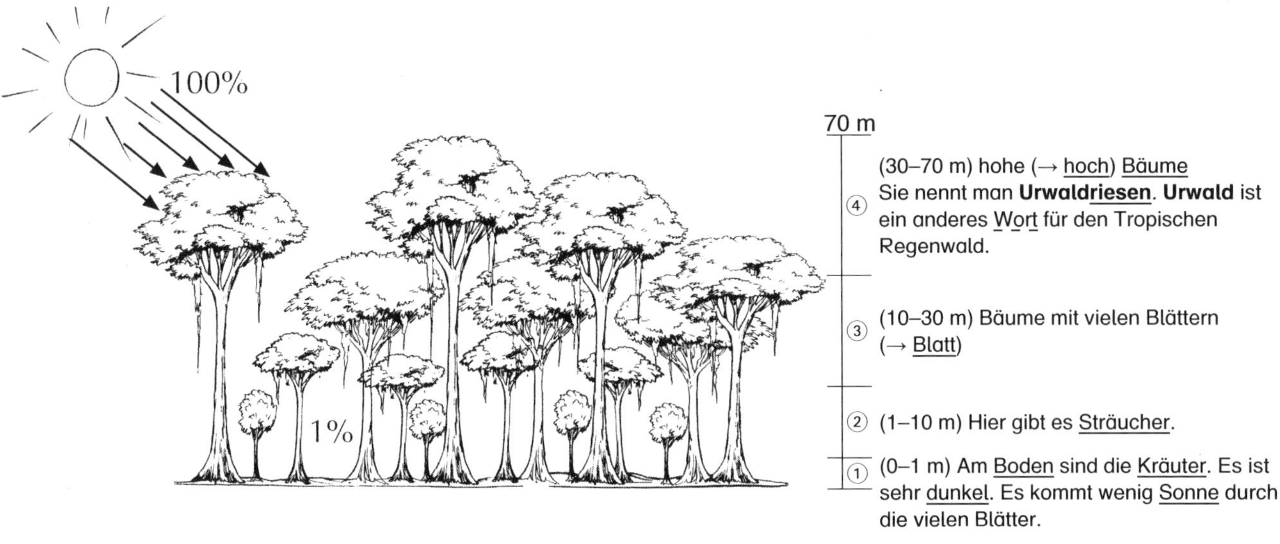

Schneide die Pflanzen aus (→ ausschneiden) und klebe sie richtig ein.

70 m
60 m
50 m
40 m
30 m
20 m
10 m
0 m

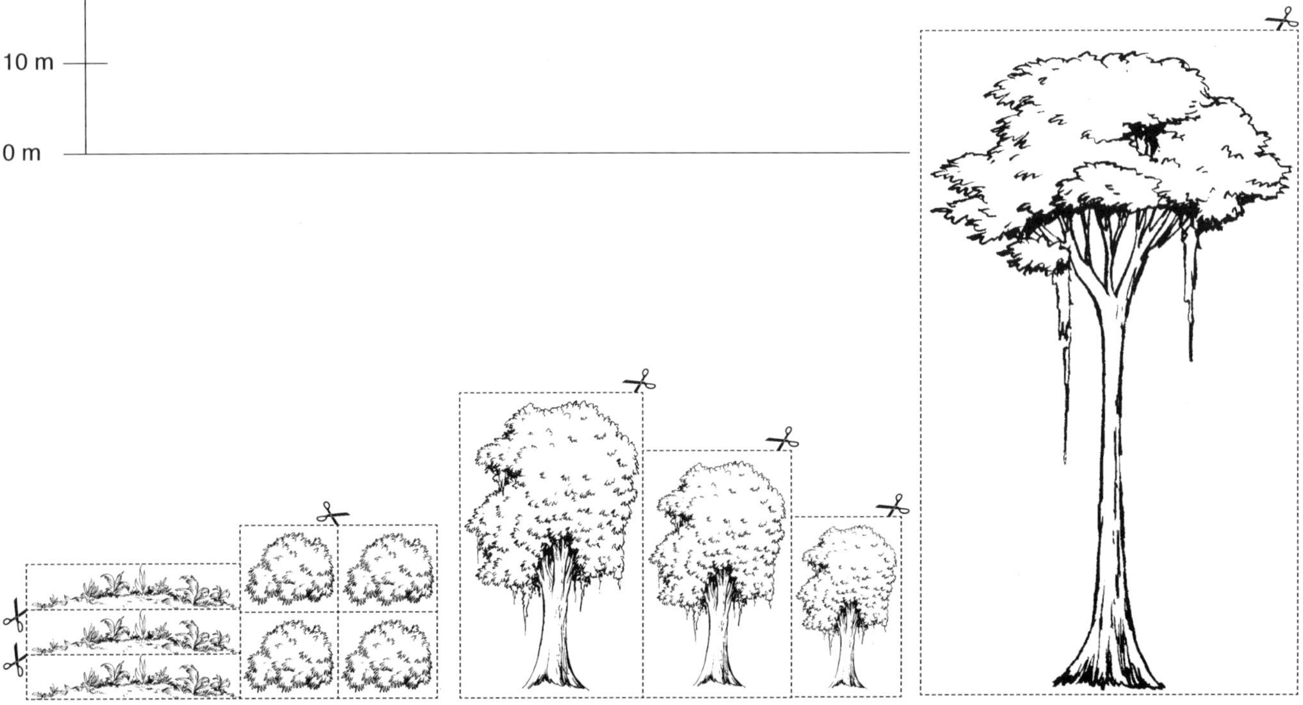

Stockwerkbau

Nahe am Äquator scheint die Sonne oft. Es gibt auch viel Niederschlag. Hier ist der **Tropische Regenwald**. Im Tropischen Regenwald gibt es viele verschiedene Pflanzen und Tiere.

Im Tropischen Regenwald kann man die Pflanzen wie Stockwerke in einem Haus sehen.

④	Die ganz hohen (→ hoch) Bäume nennt man **Urwaldriesen**. **Urwald** ist ein anderes Wort für den Tropischen Regenwald.
③	Dann kommt das Stockwerk der Laubbäume. Sie haben sehr viele Blätter, die immer grün sind. Das heißt Blätterdach.
②	Im nächsten Stockwerk wachsen kleine Bäume und Sträucher.
①	Ganz unten am Boden sind Kräuter. Dort ist es sehr dunkel. Es kommt nur wenig Sonne (1 %) durch das Blätterdach.

1. Schreibe die Namen der Stockwerke neben das Bild.

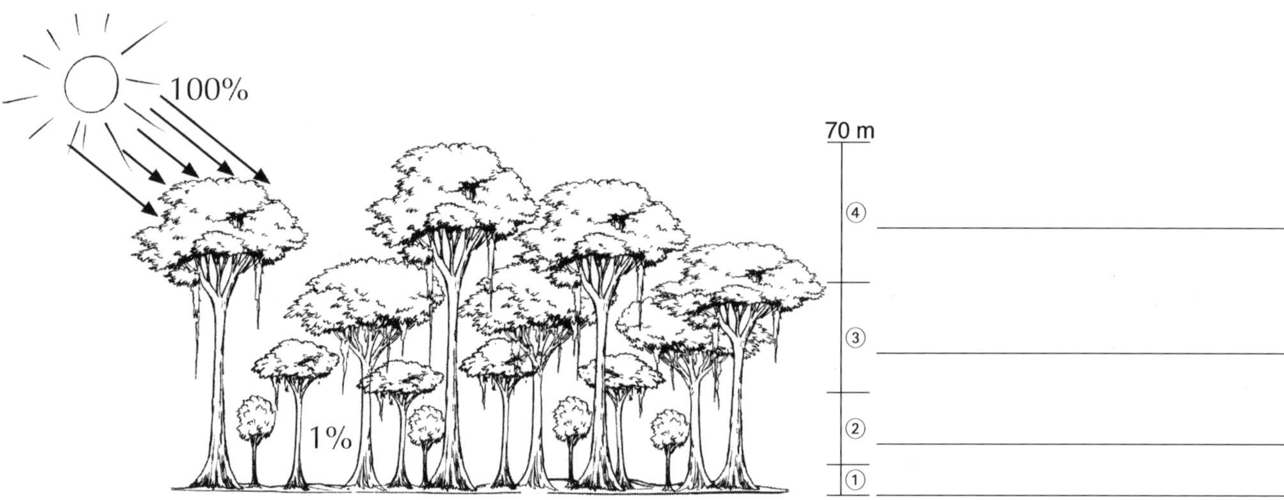

2. Ordne die Sätze in der richtigen Reihenfolge. Schreibe die Zahlen in die Kästchen.

- ☐ Bis in zehn Meter Höhe wachsen im nächsten Stockwerk Sträucher und kleine Bäume.
- ☐ Die verschiedenen Pflanzen kann man wie ein Haus mit vier Stockwerken sehen.
- ☐ Dann kommen die Laubbäume bis 30 Meter.
- ☐ Im Tropischen Regenwald leben viele Tiere.
- ☐ Es gibt dort auch sehr viele verschiedene Pflanzen.
- ☐ Am Boden wachsen die Kräuter.
- ☐ Bis zu 70 Meter hoch werden die Urwaldriesen.

Stockwerkbau

1.

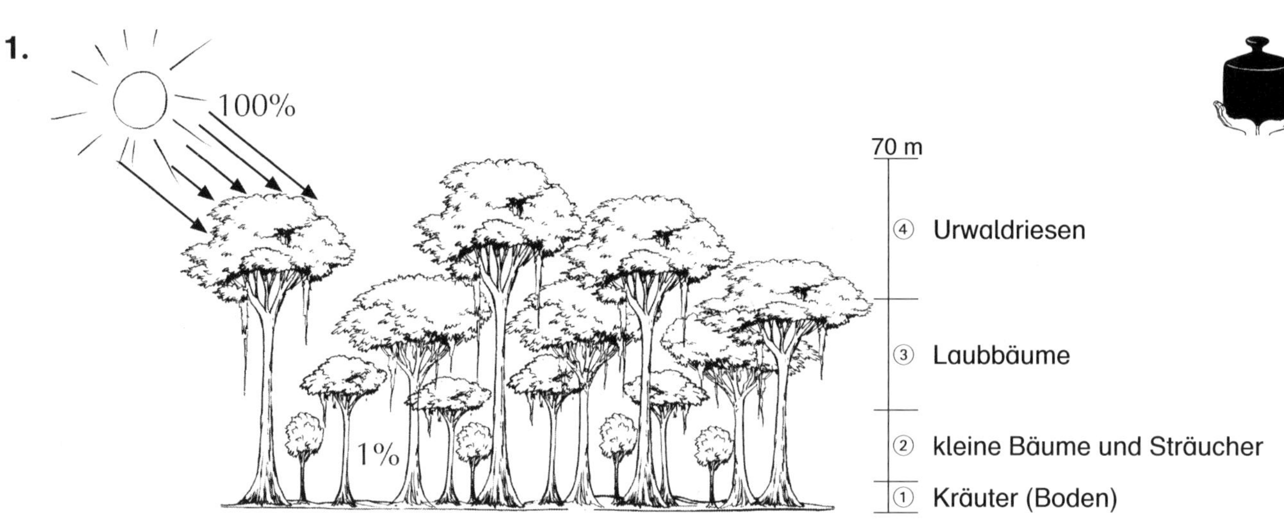

2.

5	Bis in zehn Meter Höhe wachsen im nächsten Stockwerk Sträucher und kleine Bäume.
3	Die verschiedenen Pflanzen kann man wie ein Haus mit vier Stockwerken sehen.
6	Dann kommen die Laubbäume bis 30 Meter.
1	Im Tropischen Regenwald leben viele Tiere.
2	Es gibt dort auch sehr viele verschiedene Pflanzen.
4	Am Boden wachsen die Kräuter.
7	Bis zu 70 Meter hoch werden die Urwaldriesen.